COURS COMPLET

DE

GÉOGRAPHIE

PAR

G. MATHIÈRE
Professeur d'École Normale
Directeur de l'École Annexe à Evreux

J. AZAÏS
Directeur d'École à Paris
Officier de l'Instruction Publique

COURS MOYEN

A L'USAGE DES ÉCOLES PRIMAIRES, DES LYCÉES ET COLLÈGES
DE GARÇONS (CLASSES ÉLÉMENTAIRES), DES LYCÉES ET COLLÈGES
DE JEUNES FILLES (CLASSES PRIMAIRES)

Avec 46 Cartes et 70 Gravures

HENRY PAULIN & Cie
ÉDITEURS
21, Rue Hautefeuille
PARIS

Prix : 1 fr. 60

CONSTRUCTION PRATIQUE DE LA CARTE DE FRANCE

à l'usage des Candidats aux examens, par **M. Marius BURGAT-CHARVILLON**, INSTITUTEUR A PARIS

(Modèle déposé par l'auteur, le 17 septembre 1904.)

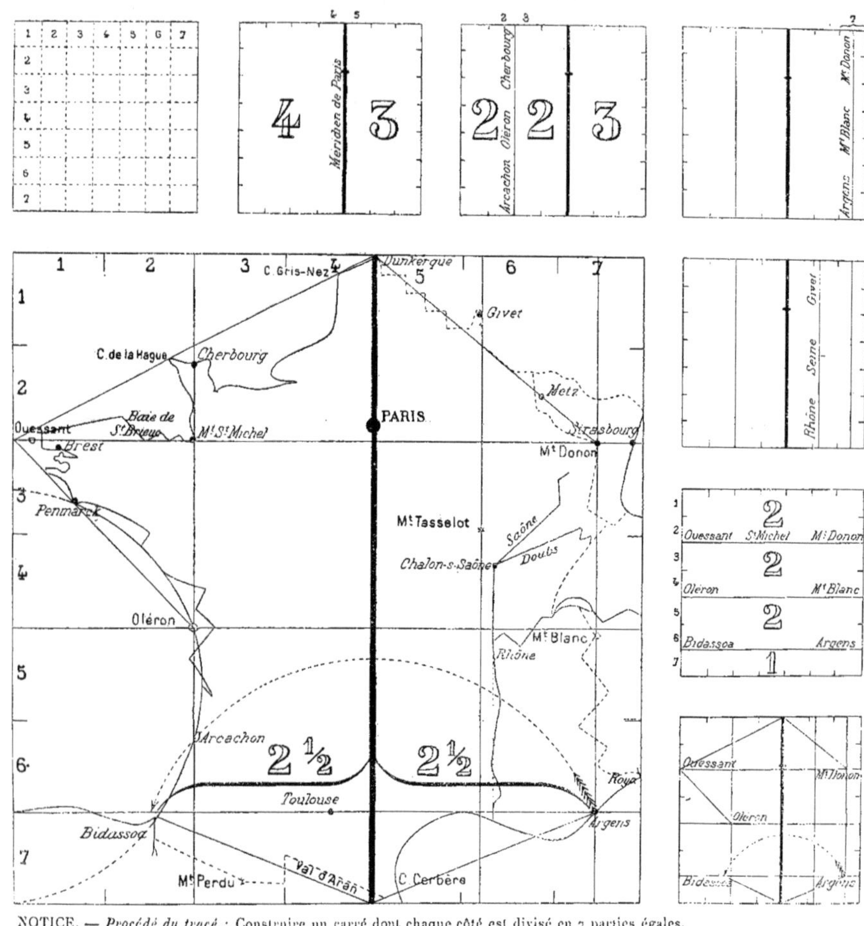

NOTICE. — *Procédé du tracé :* Construire un carré dont chaque côté est divisé en 7 parties égales.

Tracer : 1° le méridien de Paris entre la 4e et la 5e partie (4 + 3 = 7) ;
2° la directrice verticale *Arcachon, Oléron, Cherbourg* entre la 2e et la 3e (2 + 2 = 4 + 3 = 7) ;
3° la directrice verticale frontière *Argens, Mont-Blanc, Mont-Donon* au milieu de la 7e ;
4° la directrice verticale *Rhône, Seine* (source) et *Givet* au milieu et entre le méridien de Paris et la directrice frontière ;
5° la directrice horizontale *Ouessant, Saint-Michel, Mont-Donon* entre la 2e et la 3e ;
6° la directrice horizontale *Oléron, Mont-Blanc* entre la 4e et la 5e ;
7° la directrice horizontale *Bidassoa, Argens* entre la 6e et la 7e (2 + 2 + 2 + 1 = 7) ;
8° placer la *Bidassoa* à la même distance du méridien de Paris que l'*Argens* (2 ½) ;
9° joindre le méridien de Paris à *Ouessant*, au *Mont-Donon*, à l'*Argens* et à la *Bidassoa*.
10° joindre *Ouessant* et *Oléron*.

Placer de mémoire les côtes et frontières en simplifiant les courbes.

N. B. — En divisant chaque partie en 2 ou 3, on peut tirer parti du quadrillage de n'importe quel cahier.

COURS MOYEN DE GÉOGRAPHIE

PAR

G. MATHIÈRE
PROFESSEUR D'ÉCOLE NORMALE
DIRECTEUR DE L'ÉCOLE ANNEXE A ÉVREUX

J. AZAÏS
DIRECTEUR D'ÉCOLE MUNICIPALE A PARIS
OFFICIER DE L'INSTRUCTION PUBLIQUE

Avec la collaboration de

L. RÉMY-LUCE
ANCIEN ÉLÈVE DE L'ÉCOLE NORMALE SUPÉRIEURE DE SAINT-CLOUD
PROFESSEUR D'ÉCOLE NORMALE

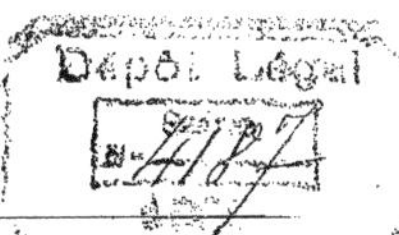

TABLE DES MATIÈRES ET RÉPARTITION MENSUELLE

REMARQUE IMPORTANTE. — Les maîtres qui, en vue de l'examen du **Certificat d'études**, voudraient aborder le plus tôt possible l'étude de la **France**, pourront, après le programme d'octobre (indispensable pour se rendre compte de l'enchaînement des faits géographiques) se reporter à celui de janvier et des mois suivants. — A la fin d'avril, ils auront ainsi terminé les colonies françaises.

Le mois de mai étant consacré à la *revision* qui précède l'examen, il leur sera facile en juin et en juillet de reprendre les matières indiquées ci-dessus pour les mois de novembre et de décembre. C'est qu'en effet, après l'examen, l'année n'est pas finie, et, si la **France** doit occuper particulièrement les élèves du *Cours moyen*, il est bon que nos écoliers n'entrent pas dans la vie sans connaître un peu le **reste du monde.**

AVIS

Nous appelons l'attention du corps enseignant sur les points suivants :

1° « Malgré les justes critiques que soulève la division en bassins fluviaux, il n'est pas certain que l'enseignement y a partout renoncé, car on ne renonce pas en un jour à des habitudes invétérées que des ouvrages et des cartes *dites géographiques* ont accréditées à l'envi » (Vidal de la Blache). — Dans cet ouvrage, il n'est pas question de **bassins fluviaux**, et l'appellation de « bassin » a été réservée pour désigner ce qui est véritablement un bassin.

2° Suivant les conseils que M. Vidal de la Blache donnait naguère à l'un d'entre eux, les auteurs ont essayé de montrer les relations qui existent entre les faits géographiques d'ordre divers ; à cet effet, après avoir insisté sur les faits généraux qui dominent tous les autres (**France** : *notions générales*), ils ont divisé la France en *régions naturelles* pour une étude de détail.

3° Le contenu de ce cours moyen est divisé en leçons ; il peut être étudié durant les neuf mois et demi de l'année scolaire, car, si l'on veut bien se reporter à la répartition mensuelle, on remarquera qu'il a été tenu compte de toutes les périodes de vacances.

4° A la suite de chaque leçon est placé un *résumé* que les élèves de la 1re année du cours moyen pourront apprendre sans difficulté.

5° Les leçons des pages 2 à 21 répondent au programme de la classe de 8e des lycées et collèges ; les leçons des pages 22 à 58, au programme de la classe de 7e.

NOTIONS PRÉLIMINAIRES

1. Forme de la terre. — La Terre est ronde[1] ; elle offre l'aspect d'une boule légèrement aplatie sur deux points opposés appelés *pôle nord* et *pôle sud*.

2. La Terre est entourée d'une couche d'air ou *atmosphère*. Détachée primitivement du Soleil, comme les planètes, la Terre fut d'abord en fusion : l'intérieur l'est encore.

3. Les *étoiles* sont des soleils très éloignés de nous.

4. La Terre est énorme : elle mesure 40 millions de mètres de tour ; sa surface, qui comprend des *océans* et des *terres*, est de 500 millions de kilomètres carrés.

5. Orientation. — Le Soleil nous permet de nous *orienter*, c'est-à-dire de rechercher

Fig. 1.

la place des 4 points, appelés *points cardinaux*, grâce auxquels nous reconnaissons la situation d'un lieu.

6. Les points cardinaux sont : 1° le **couchant, ouest** ou **occident** où le Soleil semble se coucher ; — 2° le **levant, est** ou **orient** où le Soleil semble se lever ; — 3° le **nord** ou **septentrion** que l'on a devant soi lorsque l'est est à droite et l'ouest à gauche ; — 4° le **midi** ou **sud** qui est le point opposé au nord.

7. On s'oriente : 1° pendant le jour, en observant la position du Soleil ; 2° quand la nuit est claire, en se tournant vers l'étoile polaire située dans le groupe d'étoiles appelé la *Petite Ourse* ; 3° en toute circonstance, au moyen de la boussole.

8. La *boussole* se compose d'une aiguille aimantée supportée par un pivot. L'aiguille est mobile sur le pivot et l'une des pointes, colorée en bleu, a la propriété de se diriger vers le nord.

9. Les mouvements de la Terre. — La Terre a deux mouvements : 1° elle tourne sur elle-même de *l'ouest à l'est* en 24 heures (Pendant qu'un côté de la Terre est éclairé par le Soleil, l'autre côté est dans l'obscurité, ce qui donne le *jour* et la *nuit*). — 2° La Terre tourne autour du Soleil en 365 jours et 6 heures ; cette durée s'appelle une année. C'est ce second mouvement qui produit les 4 saisons : le *printemps*, l'*été*, l'*automne* et l'*hiver*.

10. La Lune, qui accompagne la Terre dans son mouvement autour du Soleil, tourne autour de notre astre en 27 jours 8 heures.

11. Les cercles de la Terre. — Pour se reconnaître dans l'étude de la Terre, on a imaginé des plans coupant sa surface et y traçant des lignes. Les cercles ainsi formés sont l'*équateur*, les *méridiens* et les *parallèles*.

12. Les *méridiens* sont des cercles faisant le tour de la Terre et passant par les pôles ; ils sont considérés comme égaux.

13. L'*équateur* est le cercle qui fait le tour de la Terre et dont tous les points sont à égale distance des pôles.

L'équateur divise la Terre en deux hémisphères : 1° l'*hémisphère septentrional* ou *boréal* au nord ; 2° l'*hémisphère méridional* ou *austral* au sud.

14. Les *parallèles* sont des cercles tracés parallèlement à l'équateur. Par conséquent leur grandeur diminue à mesure qu'ils s'éloignent de l'équateur.

15. Latitude. — La *latitude* d'un lieu est la distance de ce lieu à l'équateur comptée sur le méridien de ce lieu. Plus on se rapproche de l'équateur, plus la chaleur augmente : la température (plus ou moins grande chaleur) varie donc avec la latitude.

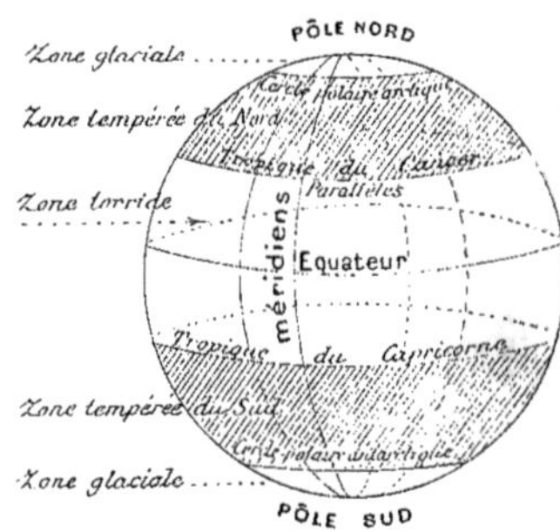

Fig. 2.

16. Les zones. — Quatre parallèles ont une importance spéciale : les deux tropiques, *Tropique du Cancer* et du *Capricorne*, et les *deux cercles polaires* du nord et du sud. — Ils divisent la Terre en 5 zones climatiques :

1° La *zone torride*, entre les deux tropiques ;

2° Les deux *zones tempérées*, entre les tropiques et les cercles polaires ;

3° Les deux *zones glaciales*, entre les cercles polaires et les pôles.

---

17. *La géographie est la description de la surface de la Terre* : elle part du milieu physique qui influe sur l'homme et constate l'action de l'homme sur le milieu physique.

[1] En réalité la Terre diffère par sa forme de toute forme géométrique déterminée. Aujourd'hui, faute de mieux, on donne à notre globe le nom de *géoïde*.

18. De là deux parties dans la géographie : 1° la *géographie physique* ; 2° la *géographie humaine* (étude économique et politique).

Questionnaire et devoirs. — 1. Quelle est la forme de la Terre ? — 2. De quoi la Terre est-elle entourée ? — Comment est l'intérieur de la Terre ? — 3. Quelles sont les dimensions de la Terre et de sa surface ? — 4. Quels sont les 4 points cardinaux ? — 5. Comment s'oriente-t-on ? — 6. Quels sont les mouvements de la Terre ? — 7. Que produisent ces mouvements ? — 8. Qu'appelle-t-on méridien ? — 9. Équateur ? — 10. Parallèle ? — 11. Qu'appelle-t-on latitude d'un lieu ? — 12. Quelles sont les différentes zones ? — 13. Qu'est-ce que la géographie ?

PREMIÈRE PARTIE. — GÉOGRAPHIE GÉNÉRALE

I. — LES TERMES GÉOGRAPHIQUES

1re LEÇON. — *Enchaînement des faits géographiques. — 1° Situation d'un pays ; 2° Sol.*

1. Entre les faits qui composent l'étude géographique d'un pays, il existe un enchaînement. — Pour étudier la géographie physique d'une contrée, on passera successivement en revue, à moins de circonstances particulières : 1° la **situation** ; 2° le **sol** ; 3° le **relief** ; 4° le **climat** ; 5° les **eaux courantes** ; 6° les **côtes**.

Situation.

2. La *situation* d'un pays est la position que ce pays occupe par rapport à l'équateur et aux océans. Elle a une grande influence sur la température du pays et sur son importance commerciale.

Sol.

3. La **géologie** s'occupe de l'histoire et de la nature du sol.

4. On distingue deux grandes catégories de roches : 1° les *roches éruptives*, d'origine ancienne ou moderne ; 2° les *roches sédimentaires*, résultant du dépôt lent dans les eaux des lacs et des mers de petites particules arrachées par l'érosion aux terrains de la première catégorie.

5. Les roches les plus anciennes constituent les **terrains anciens** ou **archéens** ; on n'y trouve pas de *fossiles*.

6. L'étude des animaux et des plantes renfermés dans les terrains sédimentaires permet aux savants d'en distinguer l'âge et de les classer en : 1° **terrains primaires** (schistes, marbres[1]) ; 2° **secondaires** (calcaires) ; 3° **tertiaires** (couches minces et variées de calcaire, d'argile et de sable), et 4° **quaternaires** (alluvions).

7. La plupart des roches cristallines et primaires ne laissent pas passer l'eau ; elles sont *imperméables*. Les autres terrains, quand ils ne renferment pas trop d'argile, sont *perméables*.

8. La terre, en se refroidissant, s'est ridée comme se ride la peau d'une pomme qui se dessèche. Ces rides ont formé les accidents du sol (montagnes et vallées).

1. Les sédiments primaires se sont cristallisés sous l'action d'une forte pression ou d'une haute température ; ils forment la transition entre les roches anciennes et les roches sédimentaires proprement dites. — Les roches éruptives (anciennes et modernes), les roches archéennes et les roches primaires sont des roches *cristallines*.

RÉSUMÉ

1. Pour étudier la géographie physique d'un pays, on passe en revue : 1° la *situation* ; 2° la *géologie* ; 3° le *relief* ; 4° le *climat* ; 5° les *eaux courantes* ; 6° les *côtes*.

2. La *situation* d'un pays se détermine d'après l'équateur et les océans.

3. La *géologie* indique la nature du sol. Il y a des roches éruptives et des roches sédimentaires, des roches imperméables et des roches perméables.

4. On distingue 5 grandes catégories de terrains : les terrains *anciens* ou *archéens*, les terrains *primaires*, *secondaires*, *tertiaires* et *quaternaires*.

5. La terre, en se refroidissant, s'est ridée : ces rides sont les accidents du sol.

Questionnaire et devoirs. — 1. Comment étudie-t-on la géographie physique d'un pays ? — 2. Comment est déterminée la situation d'un pays ? — 3. Qu'indique la géologie ? — 4. Quelles sont les deux grandes catégories de roches ? — 5. Quelles sont les cinq grandes catégories de terrains ? — 6. Comment se sont formés les accidents du sol ?

2e LEÇON. — *Le relief.*

1. Les inégalités que présente la surface d'un pays (montagnes, plaines) constituent le *relief du sol*.

2. Les montagnes sont de grandes élévations de terrain. — La partie supérieure de la montagne s'appelle *sommet* et la partie inférieure porte le nom de *base* ou *pied*.

3. L'*altitude* d'une montagne est la hauteur de son sommet au-dessus du niveau de la mer.

4. Quand plusieurs montagnes se suivent et se touchent, on a une *chaîne de montagnes*. Plusieurs chaînes rapprochées forment un massif. Ex. : *Himalaya*, *Cordillère des Andes*, *Alpes*.

5. Les plus hautes montagnes sont les plus jeunes. Les plus vieilles, usées par les eaux, sont devenues des *collines*, des *coteaux* ou des *plateaux*.

6. Les *collines* et les *coteaux* sont des hauteurs peu élevées.

7. Certaines montagnes ont pour origine un épanchement de la matière en fusion venue de l'intérieur de la terre : elles sont dues alors à des *volcans*.

8. **Utilité des hauteurs.** — Sous l'influence de la chaleur solaire, les eaux de la mer s'évaporent et forment les nuages qui se résolvent en pluie.

Or, plus on s'élève, plus la température s'abaisse : les montagnes déterminent donc la chute des pluies ; elles accumulent aussi dans leurs glaciers des réserves pour la saison chaude.

9. **Bassins et plaines.** — Les débris arrachés à la montagne comblent les dépressions situées entre les rides ; ces débris forment le sol des *bassins* et des *plaines*.

Fig. 3. — Vue générale représentant un défilé ou col et un plateau.

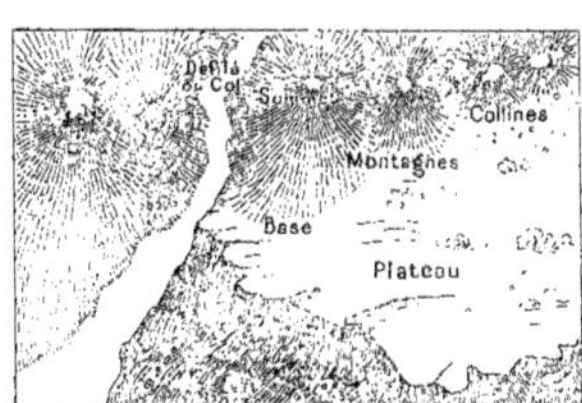

Fig. 4. — Carte représentant la gravure ci-dessus.

Une *plaine* est une grande étendue de terrain sensiblement plat.

10. Quand les *bassins* étaient recouverts par les eaux, des *détroits* les unissaient; ces détroits, comblés eux aussi, s'appellent des seuils. Ex.: *le seuil du Poitou,* qui unit le Bassin Parisien et le Bassin Aquitain.

11. Utilité des plaines. — Les plaines méritent d'être connues autant que les montagnes ; c'est là que les hommes vivent avec le plus de facilité.

12. Une plaine élevée est un plateau. Ex.: *Tibet, plateaux du Mexique, de Bolivie.*

RÉSUMÉ

1. Une *montagne* est une grande élévation de terrain. — La partie supérieure de la montagne s'appelle *sommet* et la partie inférieure porte le nom de *base* ou *pied*.

2. L'*altitude* d'une montagne est la hauteur de son sommet au-dessus du niveau de la mer.

3. Quand plusieurs montagnes se touchent, on a une *chaîne de montagnes*. Ex. : *la chaîne des Pyrénées.*

4. Les *collines* et les *coteaux* sont des hauteurs peu élevées.

5. Un **bassin**[1] est une dépression qui, recouverte par les eaux à une époque reculée, s'est trouvée comblée par les roches sédimentaires. Ex. : le *Bassin Parisien.*

6. Une *plaine* est une grande étendue de terrain sensiblement plat. Ex. : la *plaine de la Beauce,* dans le Bassin Parisien.

7. Située le long d'un cours d'eau et limitée par des hauteurs plus ou moins interrompues, la partie de plaine prend le nom de *vallée* ou de *vallon.*

8. Une plaine élevée s'appelle un *plateau.*

Questionnaire et devoirs. — Définir : 1. Montagne. — 2. Sommet. — 3. Base. — 4. Altitude. — 5. Chaîne. — 6. Colline et coteau. — 7. Bassin. — 8. Plaine. — 9. Vallée. — 10. Plateau.

1. Il est d'usage d'employer le terme de « bassin » au *sens hydrographique.* Comme ce terme laisse alors supposer une sorte de conque entourée de hauteurs et dont les eaux vont à une artère fluviale unique, il ressort que rien de semblable n'existe véritablement en France. Aussi donnons-nous au mot bassin son *sens géologique.*

3e LEÇON. — *Le climat.*

1. Le *climat* d'un pays, c'est la température de ce pays modifiée par l'humidité.

2. La *température* d'un lieu (plus ou moins grande chaleur) dépend : 1° de la situation par rapport à l'équateur ; 2° de l'altitude.

3. L'*humidité* dépend : 1° de la situation par rapport à l'équateur : l'abondance des pluies diminue de l'équateur aux pôles ; — 2° du relief ; — 3° de la proximité de la mer, et de la direction des vents.

4. Les pays privés d'humidité sont des *déserts.*

5. Quand un pays est situé près de la mer, sa température est sensiblement égale toute l'année : il jouit d'un *climat maritime.*

6. Quand un pays est éloigné de la mer, sa température est sujette à de brusques variations : ce pays a un *climat continental.*

RÉSUMÉ

1. Le *climat* d'un pays dépend de la température et de l'humidité.

2. Il y a des pays à *climat continental* et des pays à *climat maritime.*

3. Les pays privés d'humidité sont des *déserts.*

Questionnaire et devoirs. — 1. Quels sont les deux facteurs du climat ? — 2. Distinguez deux grandes catégories de climats. — 3. Qu'est-ce qu'un désert ?

4e LEÇON. — *Les eaux courantes.*

1. Les *eaux courantes* retournent à la mer par les cours d'eau, fleuves et rivières.

2. Les cours d'eau sont formés sur les flancs de la montagne par les *glaciers* et les *eaux de pluies* ; ils sont aussi produits par la réapparition des eaux qui s'infiltrent dans les roches perméables.

3. Les tout petits cours d'eau se nomment *ruisseaux.* — Les *rivières* sont des cours d'eau plus considérables formés par la réunion de plusieurs ruisseaux. — La réunion de plusieurs rivières forme un *fleuve* : le fleuve se jette dans la mer. — Ex.: *Mississipi-Missouri, Nil, Amazone.*

4. On donne le nom d'*affluents* aux cours d'eau qui vont dans un fleuve ou dans une rivière. — L'endroit où deux cours d'eau s'unissent s'appelle *confluent.*

5. L'endroit où le fleuve se jette dans la mer s'appelle *embouchure.*

Fig. 5. — Système fluvial de la Garonne.

6. La *rive droite* du cours d'eau est celle qu'on a à sa droite quand on va de la source vers l'embouchure ou vers le confluent. — La *rive gauche* est la rive opposée.

7. On appelle *régime* d'un cours d'eau la façon dont ce cours d'eau se comporte. — Le régime dépend de la pente, de la nature du sol, de la végétation et du climat.

8. Il y a des cours d'eau *réguliers* et des cours d'eau *irréguliers* : les premiers seuls sont utilisables.

9. On corrige ou l'on joint les cours d'eau au moyen de *canaux.*

10. Parfois les fleuves traversent des lacs qui leur servent de régulateurs et où ils déposent leurs alluvions.

Fig. 6. — Vue générale représentant la mer, le golfe, le cap, la presqu'île, l'isthme, etc.

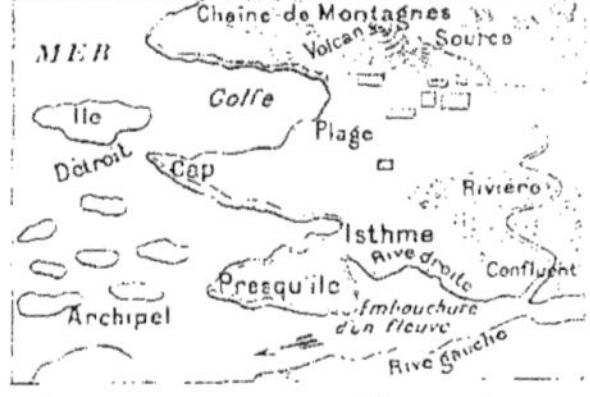

Fig. 7. — Carte représentant la vue ci-dessus.

11. L'ensemble d'un fleuve et de ses affluents constitue un *système fluvial*. — Ex.: le *système fluvial de la Garonne*.

RÉSUMÉ

1. On appelle *source* d'un fleuve ou d'une rivière l'endroit où le cours d'eau commence à couler.

2. Un *fleuve* est un cours d'eau qui se jette directement dans la mer. Ex. : *la Garonne*.

3. Une *rivière* est un cours d'eau qui se jette dans un fleuve ou une autre rivière. Ex. : *le Tarn*.

4. Un *affluent* d'un fleuve ou d'une rivière est un cours d'eau qui se jette dans ce fleuve ou dans cette rivière. — L'endroit où deux cours d'eau s'unissent s'appelle *confluent*.

5. L'endroit où le fleuve se jette dans la mer s'appelle *embouchure*.

6. La *rive droite* du cours d'eau est celle qu'on a à sa droite quand on va de la source vers l'embouchure ou le confluent.

7. Un *lac* est une étendue d'eau entourée par les terres.

8. L'ensemble d'un fleuve et de ses affluents constitue un *système fluvial*. Ex. : le **système fluvial de la Garonne**.

Questionnaire et devoirs. — Définir : 1. Source. — 2. Fleuve. — 3. Rivière. — 4. Affluent. — 5. Confluent. — 6. Embouchure. — 7. Rive droite et rive gauche. — 8. Lac. — 9. Système fluvial.

5e LEÇON. — *Les côtes et les mers.*

1. L'étude des côtes ne peut venir qu'après l'étude de la constitution géologique, du relief et des eaux courantes. — En effet, si la nature du sol et le relief expliquent la résistance des roches aux flots de l'océan, les apports des fleuves drainés par les courants marins peuvent modifier le littoral et influer sur sa valeur.

2. Les côtes d'un *pays accidenté*, comme la Bretagne et la Provence, sont dentelées, découpées, hautes, rocheuses, avec des îles, des archipels, des caps. — Les parties très élevées de la côte et formées de roches escarpées se nomment *falaises*.

3. Beaucoup d'îles ont été détachées du continent par les eaux : un bras de mer appelé *détroit* les en sépare. — Une bande de terre resserrée entre deux mers s'appelle *isthme*. La *presqu'île* ou *péninsule* est rattachée au continent par un isthme.

4. Les *caps* sont ordinairement constitués par des portions de terrains durs qui ont résisté à l'action des eaux. — Les terrains tendres ne résistent pas à cette action : de là des *baies*.

5. Les côtes rocheuses s'abaissent brusquement sous les eaux et présentent des *baies* et des *rades*, ports naturels où les navires peuvent s'abriter. Aménagée par les hommes, la rade sert de lieu d'embarquement et de débarquement pour les navires [1]. — Des ports ont été établis sur les fleuves.

6. Un *pays de plaines*, comme le Bas-Languedoc, aura, contrairement à un pays montagneux, des côtes rectilignes, basses, marécageuses, bordées d'étangs. — Les côtes basses et sablonneuses s'appellent *grèves ou plages*.

7. Quand une côte basse se raccorde à une côte rocheuse, le plus souvent on constate la présence d'un *golfe*. — Ex.: le *golfe de Gascogne*, le *golfe du Lion*.

8. La *mer* est une partie de l'Océan ou une étendue d'eau salée plus petite que les Océans.

9. Il y a des mers ouvertes et des mers fermées. On appelle mer ouverte, une mer qui communique *largement* avec l'Océan. La Méditerranée est une mer fermée ou intérieure.

10. Les mouvements de la mer. — Les mers ouvertes présentent à des degrés divers le phénomène des *marées*. Les marées balaient les estuaires des fleuves.

Dans les mers fermées, les fleuves se terminent par des *deltas*.

Les mers sont encore agitées par des tempêtes et parcourues par des courants froids ou chauds. — Ex.: le *Gulf-Stream*, courant venu de l'équateur, réchauffe les côtes de Bretagne.

11. Le fond des mers. — Le fond des mers présente un relief varié ; les grandes profondeurs se rencontrent surtout au voisinage des côtes élevées.

12. La mer est habitée jusque dans ses grandes profondeurs. La vie végétale (algues, sargasses) est généralement médiocre. La vie animale au contraire a une richesse et une exubérance incomparables (animaux gigantesques, nombre incalculable d'animalcules).

[1] Les ports sont pour les navires ce que sont les gares pour les chemins de fer.

RÉSUMÉ

1. On appelle *continent* une grande étendue de terre que l'on peut parcourir sans traverser les mers.

2. Les *Océans* et les *mers* sont de grandes étendues d'eau salée.

3. On appelle *littoral*, *rivage* ou *côte*, la bordure des continents ou de l'île qui est baignée par la mer.

4. Une *île* est une étendue de terre entourée d'eau de tous côtés. — Un *archipel* est un groupe d'îles.

5. On appelle *détroit* un passage plus ou moins resserré entre deux terres.

6. Une partie de terre entourée d'eau de tous côtés à l'exception d'un seul est une *presqu'île* ou *péninsule*.

7. La presqu'île est reliée à la terre par un *isthme*.

8. Un *cap* est une pointe de terre qui s'avance dans la mer.

9. Un *golfe* est une partie de mer qui s'avance dans la terre. Un tout petit golfe s'appelle *baie*.

10. Une *rade* est une baie dont l'entrée est étroite et qui est abritée contre la tempête [1].

11. Un *port* est une rade aménagée par les hommes : elle sert alors de lieu d'embarquement et de débarquement pour les navires.

12. Un *étang* côtier est une petite étendue d'eau sans profondeur et entourée de terre.

Questionnaire et devoirs. — Définir : 1. Continent. — 2. Océan et mer. — 3. Littoral. — 4. Ile. — 5. Archipel. — 6. Détroit — 7. Péninsule. — 8. Isthme. — 9. Cap. — 10. Golfe. — 11. Baie. — 12. Rade. — 13. Port. — 14. Etang côtier.

6e LEÇON. — *La géographie humaine.*

1. Action du milieu physique sur l'homme. — Les habitants d'une commune : village ou ville, se livrent à des occupations à peu près semblables, parce que le sol ou la situation y permettent les mêmes travaux ou les mêmes cultures. — Les localités ayant même relief, même sol et mêmes produits forment un « *pays* ».

[1] La rade de Brest, sur la côte occidentale de Bretagne, est admirablement protégée.

2. Plusieurs pays constituent une *région*. Les habitants d'une localité se ressemblent plus que ceux d'un « pays »; ceux d'un « pays » se ressemblent plus que ceux d'une région. Les habitants d'une région diffèrent des habitants des régions voisines.

3. **Action de l'homme sur le milieu.** — Le sol et le climat influent donc sur l'homme ; mais l'homme réagit par son travail intelligent sur le climat et surtout sur le sol, c'est-à-dire sur le milieu physique. Il sait utiliser le milieu physique selon ses besoins; pour cela, il s'unit à ses semblables et crée une association.

4. **Géographie économique.** — La géographie économique décrit le parti que l'homme a tiré de la terre ; elle étudie l'*agriculture*, l'*industrie*, le *commerce* et les *voies de communication*.

5. L'*agriculture* est l'art de cultiver la terre dans le but de la fertiliser, afin qu'elle fournisse les produits alimentaires et les produits textiles.

6. L'*industrie* utilise les produits du sol, elle extrait et travaille les produits du sous-sol.

7. Les populations maritimes s'adonnent à la *pêche*, à l'*élevage des poissons et des coquillages*, à l'exploitation des *marais salants*.

8. Le *commerce* permet l'échange des produits de l'agriculture, de l'industrie et de l'activité maritime. — Quand une nation vend ce qu'elle a chez elle, elle se livre au *commerce d'exportation* ; quand elle achète les produits des nations voisines ou éloignées, elle se livre au *commerce d'importation*.

Lecture. — Toutes les régions ne donnent pas les mêmes produits pour la raison qu'elles n'ont pas même relief, même température, même climat, même situation.

La montagne aux pentes rapides ne se prête guère qu'à l'exploitation des *forêts* et des *pâturages* ; la plaine fertile, au contraire, permet en France, par exemple, la culture du *blé* et de la *vigne* : la côte attire les hommes vers la mer et les invite au commerce maritime ; au pied des montagnes dites hercyniennes, on trouve la *houille* et les *métaux* qui alimentent l'industrie.

RÉSUMÉ

1. Le milieu physique influe sur l'homme ; il détermine les *régions* et les « *pays* ».

2. Mais l'homme, à son tour, agit sur le milieu physique ; il s'organise pour en tirer parti et l'approprier à ses besoins.

3. La géographie économique décrit le parti que l'homme a tiré de la terre ; elle étudie l'*agriculture*, l'*industrie*, le *commerce* et les *voies de communication*.

Questionnaire et devoirs. — 1. Quelle est l'influence du milieu physique ? — 2. L'homme agit-il sur le milieu physique ? — 3. Qu'entend-on par géographie économique ?

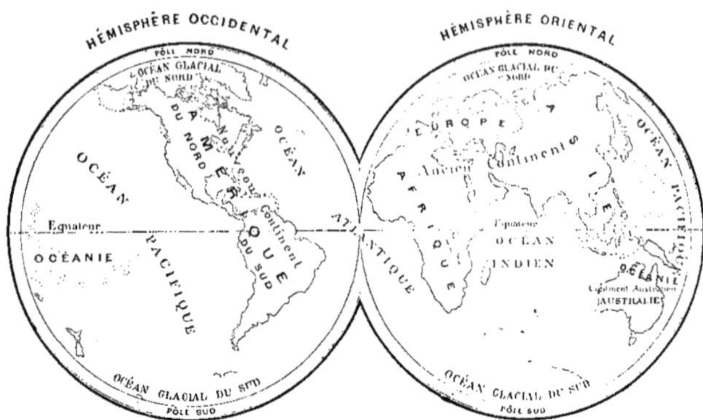

Fig. 8. — Mappemonde.

7e LEÇON. — *La géographie humaine* (*suite*).

1. **Géographie politique.** — La géographie politique s'occupe des hommes organisés en États et de l'administration de ces États.

2. On appelle *peuples civilisés*, les peuples qui travaillent, qui savent tirer parti des ressources naturelles, qui songent à développer leur intelligence. Ils sont *sédentaires* et vivent groupés en hameaux, villages, bourgs, villes.

3. Les peuples sauvages sont groupés en tribus ; leur existence est *nomade* : ils se déplacent sans cesse avec leurs troupeaux et leurs biens.

Fig. 9. — Les races.

4. Un *peuple* ou *nation* est l'ensemble des individus ayant des intérêts politiques et économiques communs.

5. Les habitants d'un État obéissent au même gouvernement, aux mêmes lois : une *république*, un *royaume*, une *principauté*, un *duché* sont des États.

6. On nomme *capitale* d'un État la ville où réside le souverain, où siège le gouvernement de cet État.

7. Les États, à leur tour, sont subdivisés au point de vue administratif. — Ex.: la **France est subdivisée en départements.**

8. Une République est un gouvernement dont le chef, appelé *Président*, est élu pour un temps déterminé. L'autorité souveraine y est exercée, au nom de tous, par des représentants élus appelés *députés* ou *sénateurs*.

9. Le gouvernement d'un peuple est *monarchique* lorsque son chef ou monarque (empereur, roi, duc, prince) est un souverain constitutionnel ou absolu ; la monarchie est presque toujours héréditaire.

10. Une *confédération* est l'association de plusieurs États unis pour la défense de leurs intérêts communs. — Ex.: **la Suisse**, *confédération de cantons*.

RÉSUMÉ

1. La géographie politique s'occupe de l'organisation et de l'administration des États.

2. Les États sont organisés en *monarchie* ou en *république*.

3. Le gouvernement de l'État réside dans une ville appelée *capitale*.

4. Les peuples civilisés ont seuls un gouvernement régulier.

Questionnaire et devoirs. — 1. Qu'entend-on par géographie politique ? — 2. Comment sont organisés les États ? — 3. Où réside le gouvernement des États ? — 4. Quels sont les peuples qui ont un gouvernement régulier ?

II. — LA TERRE. — SES DIVISIONS

1re LEÇON. — *Représentation de la Terre. — Les terres, les races ; — les Océans.*

1. La surface de la Terre est représentée à l'aide de *globes*, de *cartes* et de *plans*.

2. Un *globe* est une boule ou sphère qui représente en petit la forme de la Terre.

3. Nécessité des cartes et des plans. — Cependant pour obtenir quelques détails, il faudrait un globe immense : alors on a recours aux *cartes* et aux *plans*.

4. Un *plan* est le dessin sur une feuille de papier d'un petit espace où sont indiqués tous les détails. — Ex. : **le plan d'une salle de classe.**

5. Une *carte* est un dessin représentant sur le papier le plan de toute la Terre ou seulement d'une partie de la Terre.

6. La carte de la terre entière s'appelle *mappemonde* ou encore *planisphère*.

La *mappemonde* représente la terre coupée en deux hémisphères, l'un oriental, l'autre occidental.

NOTE. — Sur les cartes géographiques, l'*est* est à droite, l'*ouest* à gauche, le *nord* en haut, le *sud* en bas.

7. La surface de la terre comprend des *terres* et des *mers*.

8. Les terres occupent à peu près le quart de la surface du globe terrestre.

9. Les cinq parties du monde. — On a divisé les terres[1] en 5 parties qu'on appelle les cinq parties du monde. Ce sont : **l'Europe, l'Asie, l'Afrique, l'Amérique** et **l'Océanie.**

10. Les continents. — On nomme *continents* de grandes étendues de terre qu'on peut parcourir sans traverser les mers.

11. Il y a trois continents :

1° **L'Ancien Continent** que connaissaient les « Anciens » et qui comprend : l'*Europe*, l'*Asie* et l'*Afrique* ;

2° **Le Nouveau Continent** découvert en 1492 par Christophe Colomb et qui comprend l'*Amérique* ;

3° **Le Continent Australien**, le plus petit, connu seulement au XVIIe siècle, et qui comprend l'*Australie*, grande île de l'*Océanie*.

12. Races humaines. — La terre, peuplée de 1490 millions d'habitants (39 fois la population de la France), n'est pas habitée par une race unique. On distingue en général quatre races de coloration différente : 1° la *race blanche* (Europe, nord-ouest de l'Asie ; cette race a peuplé l'Amérique et l'Australie) ; — 2° la race *jaune* (Asie de l'est) ; — 3° la race *noire* (Afrique) ; — 4° la race *rouge* ou américaine (qui tend de plus en plus à disparaître de l'Amérique). — La race *cuivrée* ou *malaise* (partie de l'Océanie) semble être un rameau de la race jaune.

13. La race *blanche* et la *race jaune* qui habitent les zones tempérées sont les plus civilisées et les plus puissantes du globe.

14. La diversité des langues parlées est infinie.

15. Les Océans. — L'immense étendue d'eau salée qui couvre les trois quarts de la surface du globe est ainsi distribuée :

1° Autour de chacun des pôles, les eaux s'appellent *Océans polaires* : Océan polaire du nord ou arctique, Océan polaire du sud ou antarctique.

2° Entre ces deux Océans, deux nappes d'eau s'étendent du nord au sud. L'une baigne l'Europe, l'Afrique et l'Amérique : c'est l'*Océan Atlantique* ; l'autre baigne l'Asie, l'Australie et l'Amérique occidentale : c'est l'*Océan Pacifique*, le plus vaste des océans.

3° Enfin, entre l'Australie, l'Asie et l'Afrique orientale est un océan plus petit : l'*Océan Indien*.

RÉSUMÉ

1. La surface de la Terre est représentée au moyen de *globes* et de *cartes*. La *mappemonde* est la carte de la Terre entière.

2. La surface de la Terre comprend des *Océans* et des *terres*.

3. Il y a 3 grandes étendues de terre ou continents : 1° l'*Ancien Continent* (Europe, Asie, Afrique) ; 2° le *Nouveau Continent* (Amérique) ; 3° le *Continent Australien* (Australie : partie de l'Océanie).

4. Les habitants des continents appartiennent aux races *blanche, jaune, noire, rouge* et *malaise*.

5. L'Océan se divise en : 1° *Océan Glacial du Nord*, 2° *Océan Glacial du Sud*, 3° *Océan Atlantique*, 4° *Océan Pacifique*, 5° *Océan Indien*.

Questionnaire et devoirs. — 1. Comment est représentée la surface de la Terre ? — 2. Que comprend la surface de la Terre ? — 3. Quelles sont les 5 parties du monde ? — 4. Quels sont les continents ? — 5. Combien y a-t-il de races principales ? — 6. Nommez les océans.

2e LEÇON. — *Les zones, le climat et le milieu physique : faune et flore du globe.*

1. Les zones et le climat. — Les hommes, en s'établissant sur les territoires des différentes zones du globe, ont trouvé des *milieux physiques différents*, car les zones déterminent en partie le **climat**, et nous savons que le climat est, avec le *sol* et le *relief*, l'un des éléments fondamentaux du milieu physique.

2. Du **climat** dépendent, en partie, les ressources *végétales* et *animales*. Ces ressources varieront donc avec les zones terrestres.

3. La chaleur diminue de l'équateur vers les pôles : il y a donc des *pays chauds* et des *pays froids*. — Il existe aussi des *pays arrosés* et des *pays secs* : les pays de l'équateur sont très humides ; les *déserts*, situés sous les tropiques, et les *régions polaires* sont condamnés à la sécheresse pour des raisons différentes.

4. La transition entre ces climats extrêmes est marquée par le climat moyen des deux zones tempérées.

5. Végétaux répartis par zones. — Les régions polaires, où l'eau liquide fait défaut, n'offrent guère que des *lichens* et des *mousses*.

Dans les régions tempérées, on trouve des forêts de pins, on cultive l'*orge*, l'*avoine* et surtout le *blé* et la *vigne*.

La végétation des régions tropicales comprend, là où l'eau tombe : le *riz* qui remplace le blé, la *canne à sucre*, le *café*, le *thé*, le *cotonnier*, le *dattier*, le *bananier* et le *manioc* dont la racine fournit le tapioca. — Sous l'équateur, on trouve d'immenses forêts de *bananiers*, de *palmiers* et de *bambous* géants (forêts vierges).

6. Animaux répartis par zones. — Les zones ont aussi leurs *espèces animales*, quoi-

1. En réalité, il y a 4 groupes d'étendues continentales : 1° *Europe-Afrique-Asie* ; 2° *Australie* ; 3° *Amérique* ; 4° *territoire antarctique* (voir Cours supérieur).

que la répartition soit moins nette que pour les végétaux.

Dans la **zone glaciale du nord**, vivent l'*ours blanc* (1), le *phoque* (2), le *morse* (3), la *baleine* (4), le *renne* (5).

Dans la **zone tempérée du nord** : l'*ours* (6), le *lièvre* (7), le *renard* (8), le *loup* (9) et un grand nombre d'animaux domestiques : le *bœuf*, le *cheval*, le *mouton*.

Dans la **zone torride**, les espèces sont peu nombreuses et les animaux ont des dimensions extraordinaires : *éléphant* (15), *rhinocéros* (21), *hippopotame* (18), *crocodile* (20), *boa* (23). Il convient de citer encore : le *lion* (12), la *girafe* (13), l'*autruche* (17), le *tigre* (10), enfin, le *chameau* (11), l'animal des déserts.

Dans la **zone tempérée du Sud** : le *lama* (24), le *vautour* (26), le *kangourou* (27), le *condor* (30), etc., et les animaux importés de la zone tempérée du nord.

Dans la **zone glaciale du Sud** : le *cachalot* (31), le *pingouin* (32), le *manchot* (33).

Remarque. — La *région antarctique* n'a guère qu'une *faune marine*. Cette rareté de la vie animale explique en partie l'extrême difficulté des explorations dans la région polaire du sud.

Fig. 10. — Faune et flore du globe.

RÉSUMÉ

1. D'une façon générale, le *climat* d'un lieu dépend de sa distance plus ou moins grande de l'équateur.

2. La vie animale et végétale varie avec le climat ; elle est donc différente dans les diverses zones terrestres.

3. La zone tempérée est la plus favorable au développement de l'activité humaine.

Questionnaire et devoirs. — 1. Quel est le principal facteur du climat ? — 2. Sur quoi le climat influe-t-il en particulier ? — 3. Où l'homme développe-t-il le mieux son activité ?

III. — LES CINQ PARTIES DU MONDE

1. — L'OCÉANIE

1. Vue d'ensemble. — L'Océanie proprement dite repose sur un socle sous-marin séparé de l'*Insulinde* ou *Malaisie* (iles de la Sonde, Philippines)[1] par de grandes profondeurs.

2. Elle se compose d'un continent, l'**Australie,** flanqué de deux grandes iles : la *Nouvelle-Guinée* et la *Nouvelle-Zélande*; elle se prolonge vers l'Amérique par un triangle de petites iles disséminées dans le Pacifique et dont l'ensemble porte le nom de **Polynésie** (Climat tempéré par les influences maritimes).

3. L'Australie. — L'Australie est un plateau séparé de la chaîne côtière de l'est (Montagnes bleues) par une dépression. La chaîne côtière arrête les nuages et le plateau est un désert.

L'Australie est une possession anglaise autonome ; elle produit de la *houille*, des *métaux*, du *blé* et de la *laine*. — Ses villes principales sont : **Sydney, Melbourne** et **Adelaïde.**

4. Les iles. — La **Nouvelle-Guinée** est partagée entre l'*Angleterre*, la *Hollande* et l'*Allemagne*. — La **Nouvelle-Zélande** appartient aux *Anglais* : elle a pour ville principale **Auckland,** ville située dans l'ile du Nord.

La **Polynésie** est colonisée par l'*Angleterre*, la *France*, l'*Allemagne* et les *États-Unis*.

1. Nous rattachons l'Insulinde à l'Asie : elle repose sur le même plateau sous-marin que l'Indo-Chine ; elle rappelle l'Inde par sa puissance végétale.

RÉSUMÉ

1. L'Océanie comprend :

1° Un continent, l'*Australie*, qui appartient aux Anglais ; villes principales : *Sydney*, *Melbourne* :

2° Deux grandes îles : la *Nouvelle-Guinée* et la *Nouvelle-Zélande* :

3° Un triangle d'iles et d'ilots appelé *Polynésie*.

Questionnaire et devoirs. — 1. Que comprend l'Océanie ? — Que savez-vous sur l'Australie ?

Cartographie. — Carte de l'Océanie.

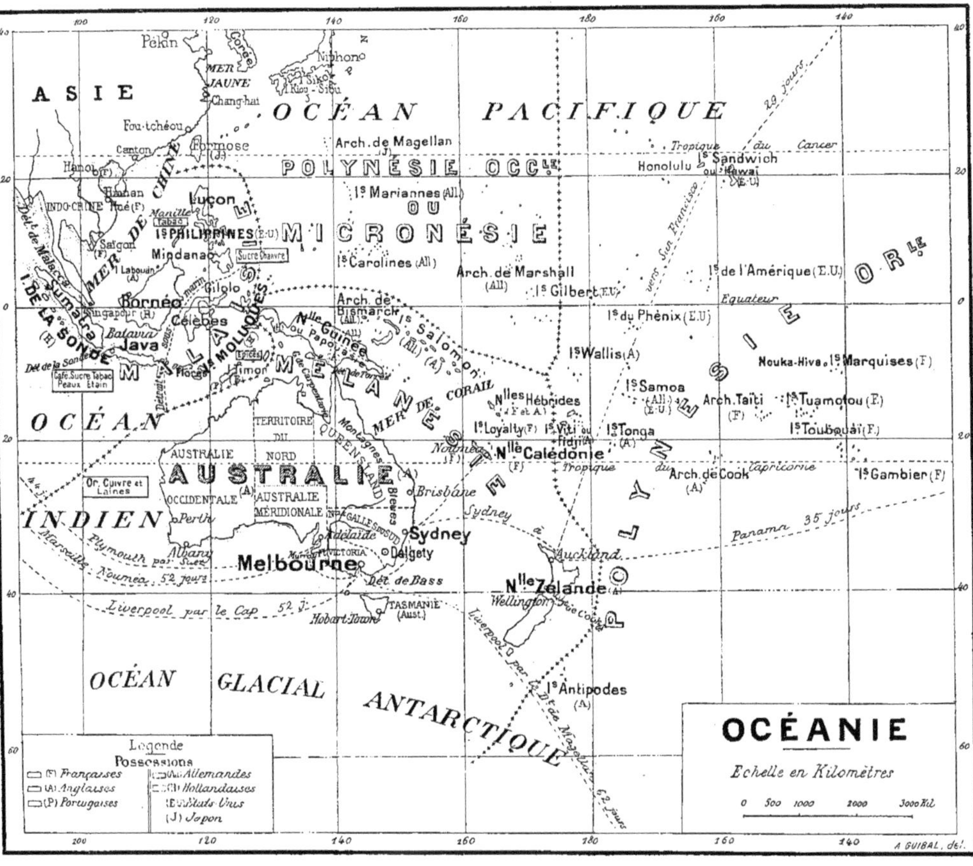

2. — L'ASIE.

1ʳᵉ LEÇON. — *Géographie physique.*

1. L'Asie est **la plus grande** des 5 parties du monde (4 fois l'Europe).

Sa partie nord est située dans la *zone glaciale du nord,* sa partie méridionale dans la *zone torride.*

2. Relief. — L'Asie est un continent massif : son centre est constitué par un *immense plateau* dont la partie culminante est le **Tibet** et qui est bordé d'une ceinture de hautes montagnes difficiles à franchir. Les plus élevées, les **Himalayas** (mont Gaurisankar ou Everest : 8840 mètres) le limitent au sud.

De ce plateau central partent, dans la direction de l'ouest et de l'est, des chaînes qui isolent le nord du sud.

a) Le nord est une *plaine immense* s'amincissant d'ouest en est (Sibérie, Turkestan occidental).

b) Le sud se projette en *presqu'îles* et en *îles* (Arabie, Syrie, Inde, Indo-Chine, archipel d'Insulinde).

L'**Insulinde** (Sumatra, Java, Bornéo, Philippines, etc.) repose sur un plateau sous-marin qui se rattache à l'Indo-Chine et partant à l'Asie.

D'une façon générale, le relief de l'Asie isole ses différentes parties et leur permet d'avoir une histoire et une civilisation distinctes.

3. Climat. — La plaine du nord a des *hivers longs,* rigoureux et de courts étés *très chauds.* — Le centre est un désert par suite du manque d'humidité : les hauteurs du pourtour arrêtent les pluies. — Le sud, dans la partie visitée par les moussons, est très arrosé en été ; la *chaleur y est considérable.* — La Chine et le Japon jouissent seuls d'un *climat tempéré.*

Dans l'ensemble, le climat de l'Asie est *continental* : le relief empêche les influences maritimes de s'exercer à une certaine distance des côtes.

4. **Côtes.** — Elles bordent des *mers glacées* ou *fermées* (Océan arctique, mer de Behring, d'Okhotsk, du Japon, Jaune, Orientale, de Chine). — Dans le sud, elles sont pénétrées par de *grands golfes* séparant les *presqu'îles* (golfes du Bengale et d'Oman).

5. **Eaux courantes.** — Le relief détermine l'*hydrographie* ; les côtes influent sur la valeur de certains fleuves.

Le centre de l'Asie est occupé par des systèmes fluviaux sans écoulement vers la mer. — Les grands fleuves coulent dans les plaines réparties sur le pourtour du continent ; ils sont longs et abondants comme : l'*Obi*, l'*Iénisséi*, la *Léna*, l'*Amour* (Sibérie); le *Hoang-Ho* ou fleuve jaune, le *Yang-tse-Kiang* ou fleuve bleu (Chine); le *Gange* et l'*Indus* (Inde).

Les fleuves sibériens, qui se jettent dans des mers glacées, sont gelés une partie de l'année.

RÉSUMÉ

1. L'Asie est séparée en deux parties par les hauteurs qui se détachent, à l'ouest et à l'est, du plateau central que limite au sud l'*Himalaya*. Au nord se déroulent les grandes plaines du Turkestan russe et de la Sibérie ; au sud se projettent trois presqu'îles et un archipel. — Entre les deux branches des hauteurs de l'est qui prolongent les plateaux est renfermé l'Empire chinois.

2. Le climat dans l'ensemble est *continental.*

3. Les côtes du nord et de l'est sont bordées de *mers glacées* ou *fermées* ; celles du sud sont baignées par les *golfes du Bengale* et d'*Oman*.

4. Grâce à ses dimensions considérables et à la situation centrale de ses hautes terres, l'Asie a de nombreux grands fleuves : *Obi, Iénisséi, Léna, Amour*, fleuve *Jaune*, fleuve *Bleu*, *Gange*, *Indus*, etc.

Questionnaire et devoirs. — 1. Quel est le relief de l'Asie ? — 2. Quel est le caractère général de son climat ? — 3. Parlez des côtes asiatiques. — 4. Citez les grands fleuves de l'Asie.

Cartographie. — Asie (noms géogr. du résumé).

2e LEÇON. — *Géographie humaine.*

1. **Étude politique.** — Les États de l'Asie sont *très étendus* ; la plupart occupent une région bien déterminée.

Cette remarque s'applique : 1° à la *Sibérie* qui n'est que la continuation de la Russie et qui appartient à ce pays ; — 2° à la *Chine*, capitale **Pékin**, défendue par le Japon contre les convoitises de l'Europe et qui possède d'abondantes *richesses agricoles* et *minérales* (céréales, *riz*, *thé*, — *houille*, etc.); — 3° à l'*Inde*, capitale **Calcutta**, possession anglaise où l'on récolte le *riz*, le *thé*, le *coton*, le *blé* et l'*opium*.

2. Maîtres du populeux empire des Indes, les Anglais, pour en surveiller les approches, se sont emparés du *Bélouchistan* et de la *Birmanie* ; ils tiennent aussi les grandes routes commerciales par leurs établissements d'**Aden**, de **Singapour**, de **Hong-Kong**.

3. La France est prépondérante en *Indo-Chine* où le *Siam*, capitale Bangkok, est encore indépendant, — et la Hollande possède la plus grande partie de l'*Insulinde* (Sumatra, Java, Bornéo). Les *Philippines*, colonisées par l'Espagne, appartiennent aux États-Unis.

4. Les États musulmans de l'ouest sont plus ou moins dépendants de l'Angleterre (Bélouchistan, Afghanistan) et de la Russie (Perse, Turkestan) ou subissent encore l'influence du *« commandeur des croyants »*, le sultan de Constantinople (Turquie d'Asie, Arabie occidentale).

5. Le *Japon*, capitale **Tokio**, s'est civilisé à l'européenne. Il essaie de jouer le rôle d'une sorte d'Angleterre asiatique. Peuplé de *50 millions d'habitants*, le *Japon* comprend plusieurs îles montagneuses ; il s'est établi en Corée à la suite d'une guerre avec la Russie.

Fig. 11. — Porte de Séoul (Corée).

6. **Étude économique.** — L'Asie renferme *850 millions d'habitants*, c'est-à-dire la *moitié de la population du globe.* — La race *jaune* occupe l'Asie orientale ; elle se trouve à l'étroit sur ses territoires.

Pourtant la densité de la population asiatique est loin d'être partout la même : elle est réglée par le *climat* et par les *ressources*.

7. C'est qu'en effet, au point de vue agricole, il y a une **Asie pauvre** (Asie montagneuse de l'ouest, plateau central, Asie basse du Nord) et une **Asie riche** (Asie orientale ou Chine propre, Asie insulaire et péninsulaire).

8. Toutefois la *Sibérie* n'est pas absolument déshéritée : elle a des terres fertiles et renferme des *mines* très importantes dans sa partie sud, aux abords de la région montagneuse.

RÉSUMÉ

1. L'Europe exerce sa domination sur les **deux tiers** de l'Asie. La Sibérie appartient à la *Russie* ; l'*Angleterre* est maîtresse de l'Empire Indien et commande en Afghanistan et Bélouchistan ; la *France* est prépondérante en Indo-Chine ; la *Hollande* a colonisé l'Insulinde : la Turquie d'Asie fait partie du domaine du *sultan de Constantinople*.

En Extrême-Orient, deux États sont indépendants :

1° La *Chine*, capitale **Pékin**, peuplée de 400 millions d'habitants :

2° Le *Japon*, capitale **Tokio**, qui est un pays d'avenir.

2. L'Asie n'a pas partout des ressources considérables : au point de vue agricole, il y a une **Asie pauvre** (l'Asie montagneuse et l'Asie basse du Nord) et une **Asie riche** (l'Asie orientale et péninsulaire). — La Sibérie possède des *richesses minérales* vers le sud.

Questionnaire et devoirs. — 1. Que possèdent les Européens en Asie ? — 2. Citez les États indépendants. — 3. L'Asie est-elle partout riche ?

Cartographie. — Asie (noms géog. du résumé).

3. — L'AFRIQUE.

1re LEÇON. — *Géographie physique.*

1. **Relief.** — L'Afrique est un véritable plateau dont la partie sud est plus élevée que la partie nord. Les montagnes se trouvent sur le pourtour du plateau : *Atlas*,

montagnes de l'Abyssinie, monts *Kenia* et *Kélimandjaro* (6500 mètres), *hauteurs du Cap*, etc., etc.

2. Côtes. — Les côtes sont très régulières ; le *golfe de Guinée* ne provient que d'un changement de direction du littoral.

Lecture. — *Le continent sans relief.* — L'Afrique est encore plus massive que l'Asie. C'est de tous les continents, y compris l'Australie, celui que les mers entament le moins. On ne voit en Afrique ni presqu'îles ni îles véritablement dépendantes de la masse principale : les archipels voisins ne sont pas des prolongements de l'Afrique ; les îles, si l'on excepte Zanzibar et Socotora, ne sont que les sommets de montagnes sous-marines (îles de l'Atlantique) ou les restes d'un continent à demi-englouti (groupe de Madagascar).

Tous ces caractères sont la conséquence du relief de l'Afrique. L'Afrique est le continent le moins accidenté, celui où les saillies sont les plus faibles, celui où le voyageur a le moins à monter. — On n'y trouve presque pas de régions basses, inférieures à 200 mètres, ni de monts élevés comme en Asie. Cependant la hauteur moyenne de l'Afrique est supérieure à la hauteur moyenne de l'Asie (620 mètres environ). L'Afrique forme un bas plateau monotone, élevé de 400 à 900 mètres, où les dépressions ont au moins 300 mètres, et qui est sillonné d'ondulations ayant au plus 1 200 mètres, sauf en quelques points isolés. — C'est une immense table bossuée, avec des arêtes saillantes sur les bords, sauf au nord-ouest, entre le Sénégal et le Maroc. (*D'après Marcel Dubois.* Les 5 parties du monde, cl. de 8e, anc. progr. — *Masson*, éditeur).

3. Climat. — Coupée à peu près en son milieu par l'équateur, l'Afrique est divisée en *zones climatiques* orientées dans le sens des parallèles ; ces zones se répètent symétriquement au nord et au sud de l'équateur.

a) Sous l'équateur, on trouve une *région chaude*, très humide où se développe l'exubérante forêt vierge.

b) Au nord de cette zone forestière, on rencontre :

1° les *savanes* ou la *brousse* du Soudan ;

2° le *désert* du Sahara ;

3° la *région tempérée chaude* à pluies d'hiver de l'Atlas.

c) Au sud de l'équateur, on rencontre aussi :

1° les *savanes* du pays du Zambèze ;

2° le *désert* de Kalahari ;

3° la *région tempérée* du Cap.

4. Eaux courantes. — Les grands fleuves africains prennent leur source dans la *région de l'équateur* : ils sont longs et abondants, mais ils présentent les inconvénients des fleuves de plateau : ils sont coupés de *rapides* et de *chutes*.

Les principaux sont : le **Niger** et le **Congo** qui se jettent dans l'Atlantique ; — le **Zambèze** qui se jette dans l'Océan Indien ; — le **Nil** qui se jette dans la Méditerranée et fait de la partie du Sahara qu'il traverse un pays riche.

Le *Congo*, le *Zambèze* et le *Nil* servent de déversoirs aux grands lacs de l'Afrique orientale (**Victoria, Tanganika, Nyassa**, etc., etc.).

RÉSUMÉ

1. L'Afrique est un véritable plateau avec des hauteurs sur son pourtour : *Atlas*, monts d'*Abyssinie*, *monts du Cap*, etc., etc.

2. L'Afrique, à cause de son relief massif, a des *côtes peu découpées*.

3. Elle est coupée en son milieu par l'*équateur*. Aussi trouve-t-on au nord et au sud de l'équateur (forêt équatoriale) : 1° une *région de savanes* (Soudan, pays du Zambèze) ; 2° une *région désertique* (Sahara, Kalahari) : 3° une *partie tempérée* (Atlas, le Cap).

4. L'Afrique a de grands fleuves abondants alimentés par la région équatoriale, mais coupés de *rapides*. Les principaux sont : le **Nil**, le **Congo**, le **Niger**, le **Zambèze**.

Fig. 12. — Chutes de fleuve africain.

Questionnaire et devoirs. — 1. Quel est le relief de l'Afrique ? — 2. Parlez de ses côtes. — 3. Quelles sont les zones climatiques de l'Afrique ? — 4. Citez les grands fleuves africains.

Cartographie. — Dessiner l'Afrique et indiquer les noms géogr. du résumé.

2e LEÇON. — *Géographie humaine.*

1. Étude économique. — Les pays de l'extrême nord et de l'extrême sud peuvent seuls être exploités directement par les Européens (**Algérie** : *blé, vigne*, — **Égypte** : *riz, blé*, — le **Cap** : *laine, métaux précieux*).

2. Somme toute, l'Afrique est une partie du monde médiocrement riche. Elle renferme des *déserts*, des *savanes herbeuses* ; — ses fleuves se prêtent mal à la navigation ; — la *forêt équatoriale* qui isole le nord du sud est difficile à défricher.

3. Cette pauvreté empêcha la formation de grands empires : de sorte que l'Afrique se trouva sans défense contre les entreprises des étrangers, *Arabes* et *Européens*.

4. Étude politique. — Les **Arabes** firent le trafic des *esclaves* et importèrent en Afrique la *religion de Mahomet* : ils sont puissants dans le Soudan et l'Afrique équatoriale.

5. Les Européens, venus par mer, procédèrent au partage des côtes et, de là, s'avancèrent vers le centre du continent africain, afin d'en tirer les produits de la zone tropicale (*huile, gomme, ivoire, plumes d'autruche*, etc.).

Aujourd'hui, on peut considérer l'Afrique comme partagée. Les Européens, en même temps qu'ils font du commerce, essaient d'empêcher l'esclavage ; c'est sur le terrain économique qu'ils luttent désormais.

6. La **France** domine au *nord-ouest* avec l'*Algérie-Tunisie*, le *Sénégal*, le *Soudan* et le *Congo* ; elle possède à l'est *Madagascar* et la *Réunion*.

7. L'**Angleterre** est établie dans la moitié de l'*Afrique australe* : pays du *Zambèze*, le *Cap*, *anciennes républiques boers* (bours), dans la *région des lacs*, sur le *Bas-Niger* et les *côtes de Guinée* ; elle occupe l'*Égypte* ; les îles de l'*Ascension*, *Sainte-Hélène* et *Maurice* lui appartiennent.

8. L'**Allemagne** a le *Togoland*, le *Cameroun*, le *Damara*, *Hottentotie* ou *Sud-Ouest Africain*, une partie de la *région des Lacs*.

9. Le **Portugal** possède des territoires en *Guinée*, l'*Angola*, le *Benguela* et le *Mozambique*.

10. L'**Espagne** a les *Canaries* et le territoire du *Rio de Oro*, les îles *Fernando-Po*, *Annobon* et une *enclave* au nord-ouest du Congo français.

11. L'**Italie** s'est établie, quoique avec peine, sur les *côtes de la mer Rouge*.

12. Le *bassin du Congo* est devenu un *État indépendant* avec le *roi des Belges* comme souverain.

13. Les seuls États indépendants en Afrique sont : le **Maroc**, l'**Abyssinie** et la petite *république de Libéria*.

RÉSUMÉ

1. Les régions de l'*Atlas* et du *Cap* sont les seules contrées de peuplement pour les Européens. — Dans son ensemble l'Afrique est médiocrement riche : c'est un pays de *cueillette et de chasse*.

2. Les **Européens** : *Anglais, Français, Allemands*, etc., ont colonisé l'Afrique en s'avançant des côtes vers l'intérieur du continent.

3. La **France** domine dans le nord-ouest : *Algérie-Tunisie, Soudan, Congo* ; l'**Angleterre** dans le sud est : *colonie du Cap, pays du Zambèze, région des Grands-Lacs, Égypte*.

4. Les États indépendants sont : le *Maroc*, l'*Abyssinie* et la *république de Libéria*.

Questionnaire et devoirs. — 1. Où les Européens peuvent-ils s'établir ? — 2. L'Afrique est-elle riche ? — 3. A qui appartient-elle ? — 4. Quels sont les États indépendants ?

Cartographie. — Carte politique de l'Afrique.

AFRIQUE
PHYSIQUE ET POLITIQUE
Colonies françaises
Lignes de navigation
Chemins de fer
Colonies
Françaises .... (F.)
Anglaises .... (A.)
Portugaises ... (P.)
Espagnoles ... (E.)
Italiennes ... (I.)
Allemandes .. (All.)
Turques .... (T.)
Echelle
500 k
NORD
SUD
OUEST
EST
EUROPE
RUSSIE
PARIS
FRANCE
Bordeaux
Marseille
ITALIE
TURQUIE
MER NOIRE
PERSE
ESPAGNE
Lisbonne
Iles Açores (P)
Gibraltar
Dt de Gibraltar
Tanger
Alger
Tunis
MER MÉDITERRANÉE
Athènes
Mts Atlas
TUNISIE
Fez
Maroc
MAROC
ALGÉRIE
Tripoli
TRIPOLI
Alexandrie
Port Saïd
Suez
Le Caire
I. Madère (P)
Mogador
Is Canaries (E)
RIO DE ORO
EGYPTE
Assouan
Tropique du Cancer
la Mecque
ARABIE
MER ROUGE
SAHARA
ou Grand Désert
Zône d'Influence française
C. Blanc
Tombouctou
St Louis
Dakar
SÉNÉGAL
Lac Tchad
Khartoum
Massaouah
Assab
Obok
Aden
Golfe d'Aden
Dt de Bab el Mandeb
I. Socotora (A)
SOUDAN ÉGYPTIEN
Gondar
ABYSSINIE
Addis-Ababa
SOMALI
Djibouti
SOUDAN
GUINÉE
SIERRA LEONE
LIBERIA
Monrovia
DAHOMEY
NIGERIA
Côte d'Ivoire
G. de Guinée
CAMEROUN
I. Fernando Po
I. du Prince
I. St Thomas
I. Annobon (E)
Lac Albert
Lac Victoria
AFRIQUE ORALE ANGLAISE
OCÉAN INDIEN
CONGO FRANÇAIS
Libreville
Congo Fl.
ÉTAT DU CONGO BELGE
Léopoldville
L. Tanganika
Lac Moero
AFRIQUE ORIENTALE (All.)
Kilimandjaro
Zanzibar
I. Seychelles (A)
OCÉAN
ATLANTIQUE
I. de l'Ascension (A)
ANGOLA
St Paul de Loanda
St Philippe de Benguela
BENGUELA
L. Nyassa
L. Bangouéolo
POSSESSIONS ANGLAISES
Zambèze
Zambèze Fl.
MOZAMBIQUE
Nossi-Bé
Mayotte
MADAGASCAR
Ste Marie (F)
Tamatave
Tananarive
CANAL DE MOZAMBIQUE
I. Ste Hélène (A)
HOTTENTOTIE
Désert de Kalahari
Baie des Baleines (A)
SUD-OUEST AFRICAIN (All.)
Angra Pequena (All.)
TRANSVAAL
Pretoria
Limpopo Fl.
Tropique du Capricorne
I. de la Réunion (F)
ORANGE
Orange Fl.
COLONIE DU CAP
le Cap
Port Natal
Port Elisabeth
C. de Bonne Espérance
Tableau
Importations de l'Afrique
L'Afrique achète des vins, des armes, des liqueurs, des tissus, de la houille, du sucre etc. –
Exportations
L'Europe achète en Afrique des gommes, des arachides, de la poudre d'or, de l'ivoire, des laines, des plumes d'autruche.
ALGÉRIE
ESPAGNE
MER MÉDITERRANÉE
Oran
Mostaganem
Orléansville
Alger
Tizi Ouzou
Bougie
Philippeville
Bône
Tunis
Sidi-bel-Abbès
Tlemcen
Mascara
Miliana
Blida
Médéa
Sétif
Constantine
Batna
Guelma
Kairouan
MAROC
ORAN
ALGER
CONSTANTINE
TUNISIE
SAHARA
A. Guibal, delt

4. — L'AMÉRIQUE.

1re LEÇON. — *Géographie physique.*

1. Le continent américain comprend : 1° l'**Amérique du Nord** et 2° l'**Amérique du Sud**. Les isthmes de l'Amérique Centrale (isthme de Panama, etc.) relient les deux portions du continent.

2. Relief. — Trois régions se développent avec symétrie de l'ouest à l'est :

1° A l'ouest, une *masse montagneuse*, élevée, serrant de près la côte (montagnes Rocheuses, hauteurs des isthmes, Cordillère des Andes); 2° au centre, de *grandes plaines* drainées par de grands fleuves (plaines du Missisipi, de l'Amazone et de la Plata)[1]; 3° à l'est, des *hauteurs relativement médiocres*, interrompues (Alleghanys, plateaux de Guyane et du Brésil) raccordées par les *Petites* et les *Grandes Antilles*.

Les chaînes de l'ouest renferment de nombreux volcans qui appartiennent à ce que l'on appelle le « cercle de feu du Pacifique ».

3. Côtes. — Les côtes de l'ouest, c'est-à-dire du *Pacifique*, tombent en pente abrupte vers l'Océan. Celles de l'est sont échancrées par les embouchures des fleuves que balaie la marée, excepté dans les mers fermées du Mexique et des Antilles.

4. Climat. — Développée en latitude, l'Amérique présente une *grande variété de climats*. Le climat de la zone glaciale du sud mis à part, on y trouve la série complète des zones climatiques, se répétant symétriquement au nord et au sud de l'équateur. (L'équateur coupe la partie septentrionale de l'Amérique du Sud.)

Toutefois, dans la zone torride, la chaleur est tempérée à l'ouest par l'altitude (Cordillère des Andes).

La région du Pacifique, visitée par les vents qui soufflent d'ouest en est dans l'hémisphère boréal, est la seule région de l'Amérique du Nord qui possède un *climat maritime*.

5. Eaux douces. — Les fleuves s'alimentent dans les hauteurs de l'ouest et de l'est ; les plus importants roulent leurs eaux dans le couloir central : leur cours est considérable et leur débit abondant. Ils ont leur issue vers la mer du côté de l'est où les montagnes sont interrompues et disposées par groupes.

Les principaux fleuves du nord sont : le **Saint-Laurent** qui sert de déversoir aux grands lacs (lacs *Supérieur*, *Michigan*, *Huron*, etc.), et le **Missisipi**, grossi du *Missouri* et de l'*Ohio*, avec un delta qui s'avance de plus en plus dans la mer fermée du Mexique.

Fig. 13. — Chute du Niagara.

Dans l'Amérique du Sud coulent l'énorme **Amazone** et le **Rio de la Plata** formé de plusieurs rivières.

1. Dans l'Amérique centrale, la partie basse est recouverte par les eaux (mer des Antilles).

RÉSUMÉ

1. Allongée du nord au sud, l'Amérique comprend 3 régions parallèles: 1° à l'ouest, une *masse montagneuse élevée* (*Montagnes Rocheuses*, *Cordillère des Andes*) ; 2° à l'est, des groupes de hauteur médiocre donnant passage aux grands fleuves et se continuant au milieu des eaux par les *Antilles* ; 3° au centre, de *grandes plaines*, drainées par de grands fleuves.

2. Les territoires américains appartiennent à toutes les zones, la zone glaciale du sud exceptée.

3. Les grands fleuves de l'Amérique sont : 1° au nord, le **Saint-Laurent** et le **Missisipi** ; 2° au sud, l'**Amazone** et le **Rio de la Plata**.

Questionnaire et devoirs. — 1. Quel est le relief de l'Amérique ? — 2. Parlez du climat. — 3. Quels sont les grands fleuves américains ?

2e LEÇON. — *Géographie humaine.*

1. Étude politique. — Autrefois tout entière propriété européenne, l'Amérique s'est affranchie, et, dans le nord, le *Canada* seul est aujourd'hui encore, quoique très indépendant, une *colonie anglaise*.

2. Tous les autres États de l'Amérique sont des *républiques*. La plus puissante, les **États-Unis de l'Amérique du Nord**, capitale *Washington*, v. p. *New-York* (3 716 000 h.) est une ancienne colonie anglaise.

3. Les États-Unis (80 000 000 h.) forment un État immense qui produit du *blé*, du *maïs*, du *coton*, de la *houille* et des *métaux*. Les champs de blé, de maïs et de coton s'étendent sur des espaces énormes et les procédés les plus perfectionnés de la *grande culture* peuvent y être employés ; le *bassin houiller des Alleghanys* est à lui seul *plus grand que la France*.

4. Les anciennes colonies espagnoles sont : le **Mexique** dans l'Amérique du Nord, **Cuba** dans les Antilles, les républiques de l'**Amérique centrale**, et, dans l'Amérique du Sud : le **Vénézuéla** ; la **Colombie** ; l'**Équateur** ; le **Pérou** ; la **Bolivie** ; le **Chili**, capitale *Santiago*, v. p. *Valparaiso* ; la **République argentine**, l'une de nos meilleures clientes, capitale *Buenos-Ayres* ; le **Paraguay** et l'**Uruguay**.

5. Le vaste **Brésil**, capitale *Rio-de-Janeiro*, a été colonisé par les Portugais.

6. La **Guyane** est encore partagée entre l'*Angleterre*, la *Hollande* et la *France*.

7. Étude économique. — Les productions végétales de l'Amérique sont très variées. Dans le Nord, on trouve du nord au sud : les *forêts boréales*, les *prairies*, les *terres à céréales* (blé, maïs) et à *coton*.

L'Amérique du Sud produit du *café*, du *cacao*, du *quinquina* et des *bois précieux*. Elle a aussi des *forêts* et des *prairies* ; les États de la Plata se livrent à l'*élevage* des moutons (production de la *laine*).

8. Les richesses minérales (*houille*, *fer*, *métaux précieux*, *diamants* du Brésil) sont considérables.

Le commerce américain fait une concurrence redoutable à celui de l'Europe.

RÉSUMÉ

1. Les contrées de l'Amérique du Nord sont : le **Canada**, colonie anglaise autonome ; les **États-Unis**, cap. *Washington*, v. p. *New-York* ; le **Mexique**, cap. *Mexico*.

2. Les principales contrées de l'Amérique du Sud sont : le **Brésil**, cap *Rio-de-Janeiro*, le **Chili**, cap. *Santiago*, la **République Argentine**, cap. *Buenos Ayres*.

3. L'Amérique est très riche en produits végétaux et minéraux ; son commerce est très développé.

Questionnaire et devoirs. — 1. Quels sont les principaux États du Nord ? — 2. Du Sud ? — 3. L'Amérique est-elle un pays riche ?

Cartographie. — Dessiner l'Amérique : indiquer les montagnes, les fleuves, les mers, les grands États.

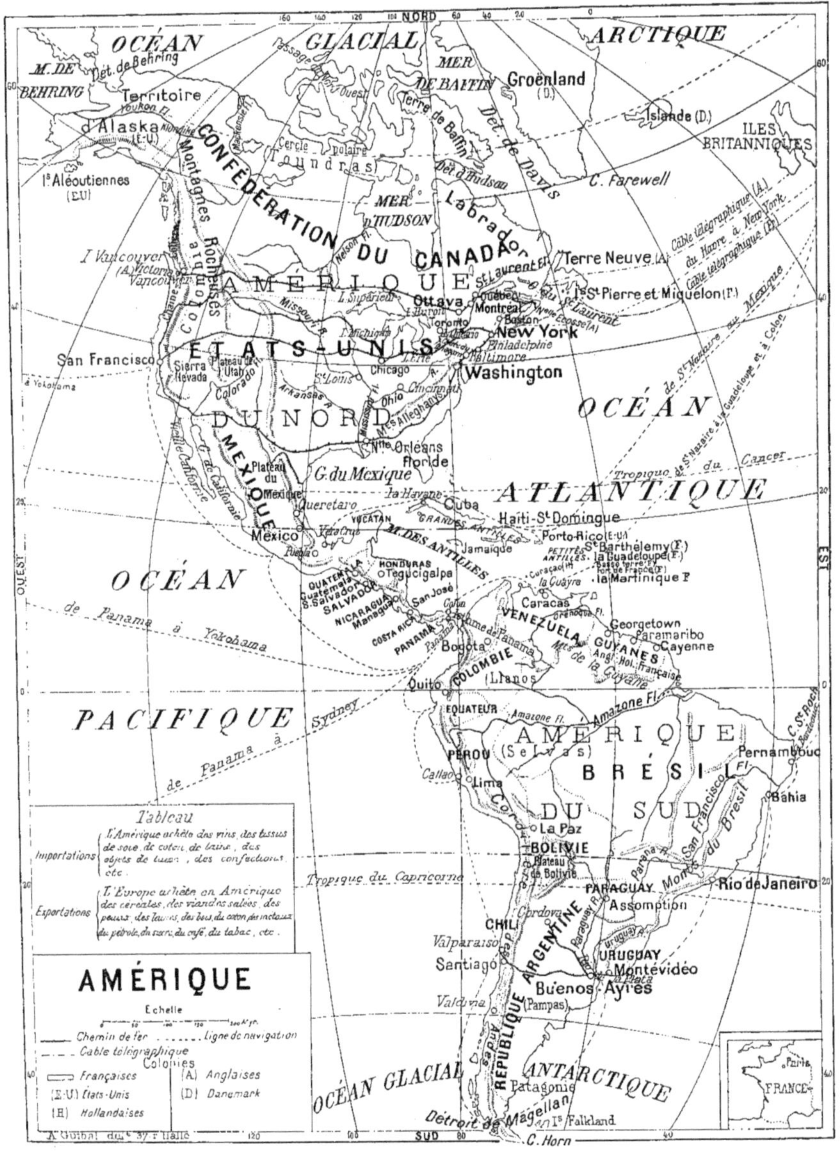
NORD
OCÉAN GLACIAL ARCTIQUE
M. DE BEHRING
Dét. de Behring
Territoire d'Alaska (E.U)
Youkon Fl.
Klondike
Is Aléoutiennes (EU)
Passage du N. Ouest
MER DE BAFFIN
Groënland (D.)
Terre de Baffin
Dét. de Davis
Dét. d'Hudson
Islande (D.)
ILES BRITANNIQUES
Cercle polaire
Toundras
C. Farewell
MER D'HUDSON
Labrador
CONFÉDÉRATION DU CANADA
Montagnes Rocheuses
Nelson Fl.
I. Vancouver (A)
Victoria
Vancouver
Terre Neuve (A)
Câble télégraphique (A) du Havre à New York
Câble télégraphique (F)
St Laurent Fl.
G. du St Laurent
Is St Pierre et Miquelon (F.)
AMÉRIQUE
L. Supérieur
Ottava
Québec
Montréal
Boston
Nouvelle Écosse (A)
L. Huron
Toronto
L. Michigan
Missouri R.
New York
Philadelphie
Baltimore
ETATS-UNIS
San Francisco
Sierra Nevada
Plateau de l'Utah
Colorado
Chicago
L. Érié
Washington
à Yokohama
St Louis
Arkansas R.
Ohio
Cincinnati
Mts Alleghanys
Mississipi R.
DU NORD
OCÉAN
de St Nazaire au Mexique
de St Nazaire à la Guadeloupe et à Colon
MEXIQUE
Plateau du Mexique
Nlle Orléans
Floride
G. du Mexique
Tropique du Cancer
ATLANTIQUE
Queretaro
la Havane
Cuba
Haïti-St Domingue
YUCATAN
GRANDES ANTILLES
México
Vera Cruz
Puebla
M. DES ANTILLES
Jamaïque
Porto-Rico (E.U)
St Barthélemy (F.)
la Guadeloupe (F.)
PETITES ANTILLES
la Martinique F
OUEST
EST
OCÉAN
HONDURAS
Tegucigalpa
GUATEMALA
S. Salvador
SALVADOR
NICARAGUA
Managua
San José
COSTA RICA
PANAMA
Colon
Isthme de Panama
Curaçao (H)
la Guayra
Caracas
VENEZUELA
Orénoque Fl.
Georgetown
Paramaribo
Cayenne
GUYANES
Angl. Hol. Française
Mts de la Guyane
de Panama à Yokohama
Bogota
COLOMBIE
(Llanos)
Quito
ÉQUATEUR
Amazone Fl.
PACIFIQUE
de Panama à Sydney
AMÉRIQUE (Selvas)
PÉROU
BRÉSIL
C. St Roch
Pernambouc
Callao
Lima
DU SUD
San Francisco Fl.
Bahia
Mts du Brésil
La Paz
BOLIVIE
Plateau de Bolivie
Tropique du Capricorne
PARAGUAY
Parana R.
Rio de Janeiro
Assomption
Cordova
CHILI
ARGENTINE
Valparaiso
Santiago
URUGUAY
Montévidéo
Buenos-Ayres
(Pampas)
Valdivia
REPUBLIQUE
Andes
OCÉAN GLACIAL ANTARCTIQUE
Patagonie
Détroit de Magellan
Is Falkland
C. Horn
SUD
Paris
FRANCE
Tableau
Importations: L'Amérique achète des vins, des tissus de soie, de coton, de laine, des objets de luxe, des confections, etc.
Exportations: L'Europe achète en Amérique des céréales, des viandes salées, des peaux, des laines, des bois, du coton, des métaux, du pétrole, du sucre, du café, du tabac, etc.
AMÉRIQUE
Echelle
0 50 100 150 200 Kyr.
Chemin de fer
Ligne de navigation
Cable télégraphique
Colonies
Françaises
(E.U) États-Unis
(H) Hollandaises
(A) Anglaises
(D) Danemark
A. Guibal del. 37 r. Hallé

LECTURES

LA VIE DANS LES GRANDES RÉGIONS TERRESTRES

I. — La vie dans les régions polaires.

Le milieu physique. — Le climat des régions polaires est constamment très froid : un hiver rigoureux et perpétuel règne sur les pays situés entre les cercles polaires et les pôles. Il y fait d'autant plus froid que l'été, très froid aussi, ne dure que deux ou trois mois. C'est alors qu'un jour pâle remplace la nuit hivernale.

Le climat explique l'aspect du pays. Tout y est gelé ; le sol et la mer sont couverts d'une calotte de glace et de neige. A proximité des zones tempérées, on rencontre des glaces flottantes appelées icebergs qui, à mesure que l'on s'avance vers les pôles, se soudent en une masse immense, la banquise.

Les régions polaires s'étendent autour des pôles ; elles comprennent aussi les parties de l'Asie, de l'Europe et de l'Amérique situées au nord du cercle polaire ; dans l'hémisphère sud, elles semblent former un vaste continent, le continent antarctique.

Influence du milieu sur la végétation. — Ce qui manque aux plantes dans un milieu ainsi conditionné, c'est : 1° de la chaleur et 2° de la lumière, puisque l'hiver polaire n'est qu'une longue nuit. Mais ce qui manque plus encore, c'est de l'eau liquide capable d'être absorbée par les plantes.

Aussi les rares plantes des régions polaires ne se développent-elles pas. Elles consistent en lichens, mousses et bouleaux nains.

Influence du milieu sur l'homme. — La plupart des terres polaires sont inhabitées. Au Sud, sur ce qui paraît être le continent antarctique, il n'y a pas trace d'homme. Au Nord, il y en a sur les côtes d'Asie, d'Europe et d'Amérique. A part 250 Européens qui vivent dans le Groenland (possession danoise), ce sont des Lapons, des Esquimaux, des Samoyèdes et des Tchouktches.

Peu nombreux, ils sont de petite taille comme les plantes, mènent une vie nomade à la recherche de leur nourriture ; leur existence est misérable.

Outre que le pays est monotone et triste, les ressources des habitants sont limitées : ils chassent, pêchent, élèvent le renne : ils vivent de morue salée, d'huile, de tranches de phoque et sont logés dans des huttes basses et enfumées.

Fig. 14. — Huttes d'Esquimaux.

L'industrie est rudimentaire : les Lapons et les Esquimaux fabriquent leurs engins de pêche, puis ne songent qu'à se préserver du froid et à se vêtir.

Fig. 15. — Coin de forêt équatoriale.

II. — La vie dans les régions équatoriales.

Le milieu physique. — La zone torride ou tropicale est située entre les deux Tropiques. Coupée en son milieu par l'équateur, elle s'étend en Afrique, en Amérique et comprend les îles de la Sonde, le sud des péninsules asiatiques et le nord de l'Australie. — Les aspects diffèrent entre les différentes parties de la zone. Ce qui caractérise la région équatoriale proprement dite, c'est-à-dire les pays voisins de l'équateur, c'est une température élevée et une humidité persistante.

Influence du milieu physique sur la végétation. — Beaucoup de chaleur et beaucoup d'eau ; la végétation sera continue et puissante. Dans l'épaisse forêt vierge, l'on n'avance qu'avec difficulté, les plantes se développent avec une rapidité étonnante et atteignent de grandes dimensions, les lianes s'entremêlent, les arbres sont d'une grosseur prodigieuse. « chacun est une petite forêt ».

Influence du milieu physique sur l'homme. — Les hommes fuient cette végétation luxuriante, ils s'établissent dans les clairières que forment de vastes espaces découverts.

La vie est facile dans un tel milieu où l'homme a forcément peu de besoins. Ainsi, en Afrique par exemple, le nègre se contente de gratter le sol pour y déposer quelque semence ; il cueille les fruits du cocotier, de l'arbre à pain, de l'arbre à beurre, du palmier à huile ; il chasse dans la forêt giboyeuse ou pêche dans les grands fleuves poissonneux. Quelquefois il mange son semblable. — Mais il lui faut lutter contre les animaux très gros ou très dangereux qui vivent autour de lui.

Malgré cela, nulle activité : les habitants de la région équatoriale ne s'adonnent qu'à de maigres industries : ce sont des êtres oisifs, paresseux et ignorants.

III. — La vie dans les régions désertiques.

Le milieu physique. — Ce qui fait le désert, c'est l'absence de pluie et partant d'humidité.

Cette absence se constate : 1° sur les plateaux entourés de hautes montagnes, comme le Tibet ; les pluies se trouvent arrêtées sur les versants extérieurs des hauteurs ; à cause de l'altitude, le climat est froid ; 2° sous les deux tropiques où les vents dominants sont secs ; là se déroulent deux anneaux de déserts parallèles à l'équateur ; le climat est très chaud.

Le désert n'est pas forcément plat comme

on l'a cru longtemps; il est accidenté de plateaux et même parfois de hautes montagnes, par exemple dans le Sahara.

Il n'est pas stérile par lui-même; l'eau lui donnerait la fertilité. La riche vallée du Nil en Egypte, les oasis du Sahara, où, à l'ombre des dattiers, l'on cultive des légumes, en sont la preuve. De même, l'Inde, située sous les tropiques, est fertile parce qu'elle s'avance dans les mers du Sud et se trouve visitée par la mousson pluvieuse soufflant de l'Océan Indien; c'est cette mousson qui apporte à l'Inde l'eau dont profitent les cultures de blé et de riz; une mousson insuffisante amène la famine.

A travers le désert, les communications sont difficiles à cause du sable qui provient des roches désagrégées.

Influence du milieu physique sur la végétation. — Dans ce milieu sec, les plantes ralentissent leur croissance et épargnent l'eau par tous les moyens possibles; pour cela, « elles remplacent d'ordinaire leurs grandes feuilles par de petits organes coriaces, d'un vert brillant, recouverts d'un fort épiderme ou bien elles se couvrent d'épines ou d'aiguillons; ou bien, comme dans l'aloès ou l'agave, les feuilles charnues sont recouvertes d'un épiderme cireux qui les empêche de se dessécher... Dans l'Australie centrale, l'eucalyptus dispose ses feuilles perpendiculairement au sol, afin d'exposer au soleil le minimum de surface ». *Cameina d'Almeida*[1].

La région équatoriale aboutit au désert par l'intermédiaire de la savane encore semée d'arbres et de la steppe aux hautes herbes.

Influence du milieu physique sur l'homme. — Les habitants des régions désertiques mènent le plus souvent une vie misérable; malgré leurs efforts, ils n'arrivent qu'à une demi-civilisation.

Fig. 16. — Dans le Sahara.

Dans la savane, ils sont nomades et poussent leurs troupeaux devant eux à la recherche de l'herbe; dans les oasis, ils se livrent à l'agriculture et sont sédentaires; dans le désert proprement dit, montés sur leurs chameaux qui peuvent demeurer plusieurs jours sans boire, ils font du commerce ou s'adonnent au brigandage.

IV. — La vie dans les régions tempérées.

Dans les pays tempérés où le climat, modéré dans l'ensemble, est souvent assez froid en hiver, la végétation est modérée, la culture demande des soins multiples; l'homme a été obligé de beaucoup travailler, mais les nécessités de l'existence l'ont rendu inventif et industrieux, son intelligence s'est développée. Il a profité des voies naturelles de communication, il s'est ingénié à utiliser les produits du sol et du sous-sol, il a fondé des villages et des villes, il a formé des États.

En Asie, les pays de climat tempéré sont: la Sibérie méridionale, la plus grande partie de la Chine proprement dite, les plateaux du Pamir et le Japon; — en Amérique, le Canada méridional, les États-Unis, la République Argentine; — en Afrique, l'Algérie-Tunisie, le Maroc, le nord de l'Égypte, le pays du Cap; — en Océanie, l'Australie du Sud.

« Mais de toutes les parties du monde, l'Europe est le continent qui semble le mieux approprié aux besoins de l'homme. C'est la seule où il n'y ait pas de désert; très peu de montagnes s'élèvent assez haut pour être dépourvues de plantes. L'Europe est le continent où il y a le moins de place perdue; le petit continent d'Europe compte plus d'un cinquième de la population totale du globe. De plus, c'est en Europe que les hommes ont le plus transformé la terre; ils y ont acclimaté toutes sortes de bêtes et de plantes, si bien qu'il est presque impossible de reconnaître aujourd'hui quelles étaient la flore et la faune primitives. Enfin, l'Europe est la patrie des machines à vapeur, des chemins de fer, du télégraphe, de l'électricité, des sciences positives. C'est de là que partent aujourd'hui les conquérants du reste du monde: l'Océanie, l'Afrique, l'Asie, l'Amérique sont envahies par des colonies européennes. » — (*Marcel Dubois*. — Les 5 parties du monde, cl. de 8e, anc. prog. — *Masson*, éd.).

5. — L'EUROPE.

1re LEÇON. — *Géographie physique. (Relief, côtes.)*

1. **Relief.** — L'Europe comprend une partie de plaines située comme un couloir entre deux parties montagneuses.

2. Les principales plaines du couloir sont: la *plaine russe*, la *plaine suédoise* et *danoise*, l'*Allemagne du Nord*, la partie orientale de l'*Angleterre*, la *Hollande*, la *Belgique* et la *France occidentale*.

3. La *partie montagneuse* du nord-ouest ne forme pas un tout continu. Elle comprend: les *monts Scandinaves*, les *montagnes de l'Écosse* et les groupes isolés de l'*Irlande* et de l'*Angleterre*.

4. Le centre de la partie montagneuse du sud est constitué par les **Alpes** qui sont d'origine relativement récente et dont le plus haut sommet est le *Mont-Blanc* (4810 m). Les Alpes s'étendent en arc de cercle de Nice à Vienne (Autriche); à cet arc de cercle se rattachent: 1° les *Karpathes* qui encadrent la plaine de Hongrie et se continuent par les *Balkans*; 2° les *Apennins* qui, avec les Alpes, encadrent la plaine du Pô.

5. Au plissement alpin appartiennent les **Pyrénées**, qui s'adossent aux plateaux à demi-africains de la péninsule ibérique.

6. **Mers et côtes.** — Les côtes de l'Europe sont *très découpées*; elles diffèrent suivant qu'elles bordent les parties de plaines ou les parties montagneuses, suivant qu'elles sont baignées par l'*Atlantique* qui a des marées ou par des mers fermées: *Baltique* et *Méditerranée*.

7. L'Océan **Atlantique** forme la *mer du Nord*. Cette dernière communique avec la *Baltique*, située à l'est de la presqu'île scandinave, par les détroits danois (Sund, etc.),

1. Extrait de « **La Terre** ». — (*Armand Colin*, éd.).

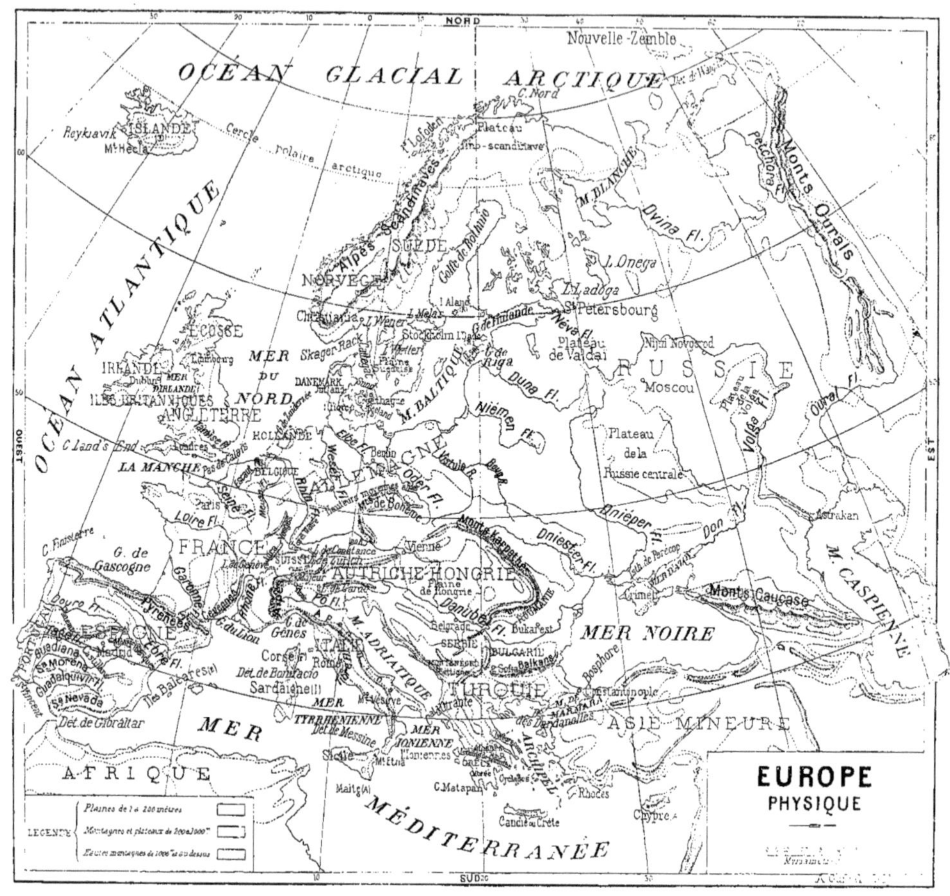

et avec la *Manche* par le détroit du Pas-de-Calais.

8. Le *détroit de Gibraltar* fait communiquer l'Océan et la Méditerranée.

9. La **Méditerranée** baigne les trois presqu'îles de l'Europe méridionale : *presqu'île ibérique, presqu'île italique* et *presqu'île des Balkans*. Elle forme des mers intérieures (*Adriatique*, mer de l'*Archipel*, de *Marmara*, mer *Noire*); on y rencontre les îles de *Corse*, de *Sardaigne*, de *Sicile* et de *Crète*.

10. Ainsi, le littoral de l'Europe est très étendu, partant, favorable au commerce.

RÉSUMÉ

1. Le relief de l'Europe comprend trois parties :

1° au nord-ouest une région montagneuse dont les massifs sont isolés (*Monts Scandinaves, hauteurs de l'Écosse*, etc.);

2° au sud, une autre région montagneuse dont le centre est constitué par les *Alpes* ;

3° entre ces deux séries de hauteurs, un couloir de plaines qui va des monts Ourals aux Pyrénées.

2. Les deux grandes mers européennes, **Atlantique** et **Méditerranée**, forment des mers intérieures. Ces mers ont découpé les côtes dont la longueur se trouve ainsi très étendue.

Questionnaire et devoirs. — 1. Combien de parties comprend le relief de l'Europe? — 2. Expliquez comment il se fait que l'Europe présente un grand développement de côtes.

Cartographie. — Dessiner l'Europe : indiquer : les hauteurs, les plaines, les îles, les mers, etc.

2e LEÇON. — *Géographie physique. (Climat, eaux douces.)*

1. Climat. — Située dans la *zone tempérée du nord*, pénétrée par de nombreuses mers, réchauffée par le courant chaud du *Gulf-Stream*, visitée d'ouest en est par les *vents humides de l'Atlantique* que n'arrête aucune barrière montagneuse dans le couloir central, l'Europe n'a pourtant pas un climat uniformément modéré et humide. — C'est qu'elle s'épaissit d'ouest en est et que les bords de la Méditerranée jouissent d'un climat particulier (ici, les vents soufflent plutôt de la terre vers la mer).

2. Aussi distingue-t-on 3 régions climatiques en Europe :

1° la *région atlantique*, au climat doux et humide ;

2° la *région orientale*, au climat chaud en été, dur en hiver ;

3° la *région méditerranéenne*, au climat chaud et sec.

3. Eaux douces. — L'Europe envoie ses eaux vers sept mers différentes dont une seule, la *Caspienne*, est une mer complètement fermée.

4. Les fleuves européens se prêtent en général à la navigation, excepté ceux de la péninsule ibérique, qui sont presque tous des fleuves de plateaux, encaissés et très pauvres en eau.

5. Les cours d'eau de l'Europe rayonnent dans tous les sens; ils naissent dans deux régions principales :

a) Le premier de ces centres de rayonnement se trouve en Russie dans les *collines de Valdaï*. De là partent : la *Volga* (3400 km.) qui se jette dans la mer Caspienne, la *Duna* qui se jette dans la mer Baltique et le *Dniéper* qui se jette dans la mer Noire.

Ces *fleuves de plaines* sont remarquables par leur volume d'eau ; ils gèlent en hiver et subissent de grandes crues en été.

b) Le second centre de rayonnement se trouve dans les *Alpes*.

De ce « château d'eau » de l'Europe, viennent le *Rhin*, le *Rhône*, le *Pô* et l'*Inn*, grand affluent du *Danube*.

Le *Danube* (2800 km.) se jette dans la mer Noire, — le *Rhin* (1300 km.), dans la mer du Nord, — le *Rhône*, dans la Méditerranée, — le *Pô*, dans l'Adriatique.

Presque tous ces grands fleuves de montagnes se nettoient dans des lacs avant d'entrer en plaine.

6. Parmi les fleuves importants de l'Europe, on peut encore citer : l'*Elbe* qui prend sa source dans les monts de Bohême et se jette dans la mer du Nord ; la *Tamise* qui naît dans les collines du Bassin de Londres et se jette aussi dans la mer du Nord.

7. Outre les lacs alpestres, on trouve en Europe les lacs de la plaine suédoise et ceux du nord de la Russie.

RÉSUMÉ

1. On distingue 3 climats en Europe : le *climat atlantique*, le *climat oriental* et le *climat méditerranéen*.

2. Les principaux cours d'eau de l'Europe naissent : 1° dans le plateau de Valdaï, 2° dans les Alpes.

Fig. 17. — La Volga.

3. Les plus longs sont : **la Volga**, le **Danube** et le **Rhin**.

4. D'autres fleuves sont aussi très importants. Ex. : l'*Elbe*, la *Seine*, la *Tamise*.

Questionnaire et devoirs. — 1. Combien distingue-t-on de climats en Europe? — 2. D'où viennent les principaux fleuves européens? — 3. Citez les plus importants.

Cartographie. — L'Europe : indiquez les mers et les fleuves cités dans le texte.

3e LEÇON. — *Géographie humaine.*

1. Étude économique. — L'Europe est un pays agricole ; elle est riche en plaines fertiles si l'on excepte les marécages de l'Allemagne et les steppes de la Russie.

2. Le nord est le pays des *grandes forêts* ; — le centre est le pays des *céréales*, des *vins*, des *bestiaux* ; — le midi a les produits caractéristiques des climats secs et chauds : *olivier*, *oranger*, etc.

3. Tout le long du massif hercynien adossé aux Alpes (Massif Central, Ardennes, hauteurs moyennes de l'Allemagne et de l'Angleterre, monts de Bohême), la *houille se rencontre*. Sa présence est la cause du développement des *groupes industriels anglais*, *central français*, *rhénan* (France, Belgique, Allemagne du Rhin), *saxon* et *silésien*.

4. Le commerce européen est très prospère, grâce : 1° au développement du littoral, 2° aux nombreuses voies de communication.

Ces voies vont, ou bien d'est en ouest, empruntant la plaine centrale et les vallées des grands fleuves, ou bien du nord au sud à travers les nombreux cols des Alpes.

5. Étude politique. — L'Europe est divisée en **21 contrées** que l'on peut répartir, d'après le relief et le climat, entre 4 grandes régions : 1° *Europe océanique*, 2° *Europe centrale*, 3° Europe des péninsules méridionales ou *Europe méditerranéenne*, 4° *Europe plate* ou *orientale*.

6. Parmi les États de l'Europe, deux sont des *républiques* (France et Suisse), un est une *monarchie absolue* (Turquie); les autres sont, à des titres divers, des *monarchies constitutionnelles*.

7. Six puissances jouent un rôle prépondérant ; ce sont l'**Empire d'Allemagne**, l'**Autriche-Hongrie**, **la France**, les **Iles Britanniques**, l'**Italie** et **la Russie**.

RÉSUMÉ

1. L'Europe produit surtout des *céréales* (France, Russie, Hongrie) et des *vins*.

2. L'Angleterre, l'Allemagne, la Belgique et la Russie sont riches en *houille* ; l'*industrie du fer*, de la *laine* et du *coton* y est développée.

3. Le commerce de l'Europe doit sa prospérité au *développement du littoral* et à la *facilité des communications intérieures*.

4. Le territoire européen est divisé en 21 États ; les plus importants sont : **l'Allemagne**, **l'Autriche-Hongrie**, la **France**, les **Iles Britanniques**, l'**Italie** et la **Russie**.

Questionnaire et devoirs. — 1. Quelles sont les principales productions agricoles de l'Europe? — 2. Où trouve-t-on la houille? — 3.

Quelles sont les principales industries? — 4. Parlez du commerce. — 5. Comment est divisée l'Europe au point de vue politique? — 6. Nommez les six grandes puissances.

LES RÉGIONS DE L'EUROPE
DESCRIPTION DES ÉTATS

1re LEÇON. — *L'Europe océanique.*

1. L'Europe océanique comprend :

1° Les *Iles Britanniques* ;

2° Les *États scandinaves* ;

3° La *France*.

2. Iles Britanniques. — Le Royaume-Uni comprend la *Grande-Bretagne* (Angleterre, Écosse) et l'*Irlande*; il est peuplé de 43 700 000 habitants.

La Grande-Bretagne renferme: à l'est, une *partie de plaines* où coule la Tamise, et à l'ouest, une *région montagneuse*, riche en **houille** et en **fer**, où se sont développés les grands centres industriels. — Le climat des Iles Britanniques est doux et humide.

3. La capitale du Royaume-Uni est **Londres** (5 000 000 h.), premier port de l'Europe. Les villes principales sont: *Liverpool*, port important où arrivent le coton et les laines; *Glasgow*, usines métallurgiques; *Manchester*, la ville des cotonnades; *Birmingham*, la ville de l'acier et du fer; *Leeds*, la ville des lainages, etc.

4. Possédant un vaste empire colonial, l'Angleterre demeure l'*un des premiers pays du monde* pour l'*industrie* et le *commerce*.

Fig. 18. — Paysage du Pays de Galles (Angleterre).

5. États Scandinaves. — Le monde scandinave comprend deux presqu'îles et quelques îles à l'entrée de la Baltique.

6. La plus grande des presqu'îles appelée péninsule *scandinave* renferme le massif du même nom; elle est partagée entre deux États: la **Suède** (5 300 000 h.), capitale *Stockolm* et la **Norvège** (2 300 000 h.), capitale *Christiania*.

Les ressources sont: la *pêche*, les *forêts de sapins*, les *métaux*, et, au sud, dans la plaine suédoise, les *céréales*.

7. L'autre presqu'île (le Jutland) forme, avec quelques îles, le royaume de **Danemark** (2 500 000 h.), capitale *Copenhague* sur le Sund.

RÉSUMÉ

Les 5 États de l'Europe océanique sont:

1° les *Iles Britanniques* (Angleterre, Écosse et Irlande), cap. **Londres**;

2° le *Danemark*, cap. Copenhague;

3° la *Suède*, cap. Stockolm;

4° la *Norvège*, cap. Christiania;

5° la *France*, cap. Paris.

Questionnaire et devoirs. — 1. De quelles îles se compose le Royaume-Uni? — 2. Comment se divise la Grande-Bretagne au point de vue du relief? — 3. Quelles sont les grandes villes? 4. Nommez les États scandinaves avec leurs capitales.

Cartographie. — Iles Britanniques et États scandinaves.

2e LEÇON. — *L'Europe centrale.*

1. L'Europe centrale renferme 4 régions: 1° le *massif alpestre*; 2° les *hauteurs moyennes* adossées aux Alpes; 3° la *plaine de Hongrie* encadrée par les Karpathes; 4° la *plaine allemande* continuée à l'ouest par les Pays-Bas.

2. Le climat est *continental* dans l'ensemble. — Les eaux vont vers la **Baltique** (Oder, Vistule), la **mer du Nord** (Elbe, Rhin), l'**Adriatique** (Pô), la **Méditerranée** (Rhône) et la **mer Noire** (Danube).

3. Sept États se partagent les territoires de l'Europe Centrale; ce sont: la *Serbie*, l'*Autriche-Hongrie*, la *Suisse*, l'*Allemagne*, la *Hollande*, la *Belgique* et le *Luxembourg*.

4. États Danubiens. — Les États danubiens de l'Europe centrale sont: 1° la **Serbie** (2 700 000 h.), capitale *Belgrade*; 2° l'**Autriche-Hongrie** (49 000 000 h.).

5. L'**Autriche-Hongrie** est peuplée par des *peuples divers* et peu unis. Les capitales sont *Vienne* (1 675 000 h.) et *Buda-Pesth*, toutes deux sur le Danube.

L'Autriche est surtout *industrielle* (houille, fer) et *forestière*; la Hongrie, *pays agricole*, produit du *blé* et du *vin*.

6. Suisse. — La Suisse, *pays montagneux* par excellence, est peuplée de 3 400 000 habitants parlant *allemand*, *français* et *italien*.

En Suisse, on exploite les *prairies* et l'on se livre à l'*industrie* (houille blanche). La confédération suisse a pour capitale *Berne*.

7. Allemagne. — L'Allemagne (60 000 000 h.) est une *fédération* d'États réunis sous la direction du roi de Prusse qui porte le titre d'empereur.

8. Riche en *houille*, l'Allemagne développe de jour en jour son industrie et son commerce.

9. La capitale est *Berlin* (2 033 000 h.) et le grand port, *Hambourg*, ville située à l'embouchure de l'Elbe. — 41 agglomérations allemandes comptent plus de 100 000 habitants.

10. Hollande. — La Hollande (le delta du Rhin) est un *pays très plat*, protégé par des digues contre l'Océan. L'État hollandais (5 510 000 h.) a pour capitale *La Haye* et pour villes principales: *Amsterdam* et *Rotterdam*, ports importants.

11. Belgique. — La Belgique, petit pays à peine grand comme la Normandie, mais *fertile* et *très peuplé* (7 100 000 h.) renferme de *riches mines de houille* et de *fer*. — La capitale est *Bruxelles*; la ville principale, *Anvers*, port à l'embouchure de l'Escaut.

12. Luxembourg. — Le Luxembourg forme un très petit État, *neutre* comme la Belgique et la Suisse.

RÉSUMÉ

Les 7 États de l'Europe centrale sont:

1° la *Serbie*[1], cap. Belgrade;

2° l'*Autriche-Hongrie*, cap. Vienne et Buda-Pesth;

Fig. 19. — Zermatt et le Mont Cervin.

3° la *Suisse*, cap. Berne;

4° l'*empire d'Allemagne* (Prusse et autres États confédérés), cap. Berlin;

5° la *Hollande*, cap. La Haye, v. p. Amsterdam;

6° la *Belgique*, cap. Bruxelles;

7° le *Luxembourg*, cap. Luxembourg.

Questionnaire et devoirs. — 1. Dites ce que vous savez sur l'importance économique de chacun des États de l'Europe centrale. — 2. Citez les villes importantes de chacun de ces États.

Cartographie. — L'Europe centrale: fleuves, états, villes importantes.

3e LEÇON. — *Europe des péninsules méridionales.*

1. Les péninsules méridionales sont au

1. La Serbie et la Roumanie sont ordinairement classées parmi les États balkaniques, pourtant, au point de vue physique, la Roumanie n'est que la continuation de la plaine russe; quant à la Serbie, c'est un État danubien, au même titre que l'Autriche-Hongrie: le climat serbe est d'ailleurs le même que celui de l'Europe centrale.

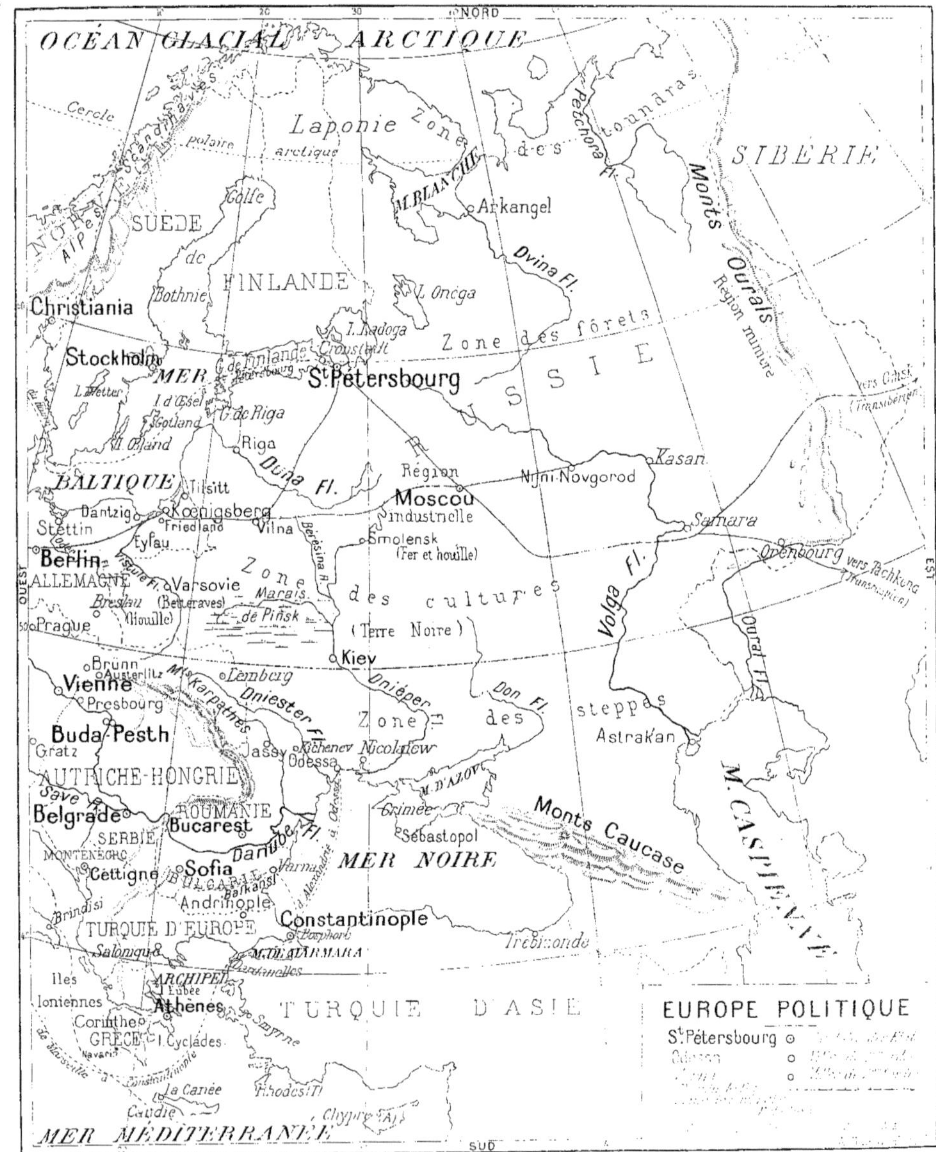
NORD
OCÉAN GLACIAL ARCTIQUE
Cercle polaire arctique
Laponie
Zone des toundras
SIBÉRIE
Petchora Fl.
Monts Ourals
Région minière
M. BLANCHE
Arkangel
Dvina Fl.
NORVÈGE
Alpes Scandinaves
SUÈDE
Golfe de Bothnie
FINLANDE
L. Onega
L. Ladoga
Cronstadt
Christiania
Stockholm
MER BALTIQUE
G. de Finlande
St Pétersbourg
Zone des forêts
RUSSIE
L. Wetter
I. d'Œsel
Gotland
I. Œland
G. de Riga
Riga
Duna Fl.
Région industrielle
Moscou
Nijni-Novgorod
Kasan
Tilsitt
Dantzig
Kœnigsberg
Friedland
Stettin
Eylau
Vilna
Smolensk
(Fer et houille)
Samara
Orenbourg
vers Tachkend
(Transcaspien)
vers Omsk
(Transsibérien)
Berlin
ALLEMAGNE
Varsovie
Breslau
(Betteraves)
(Houille)
Prague
Zone des cultures
(Terre Noire)
Marais de Pinsk
Bérésina R.
Volga Fl.
Oural Fl.
OUEST
EST
Kiev
Brünn
Austerlitz
Vienne
Presbourg
Lemberg
Mts Karpathes
Dniester Fl.
Dniéper Fl.
Don Fl.
Zone des steppes
Astrakan
Buda-Pesth
Gratz
Jassy
Kichenev
Nicolaïew
Odessa
AUTRICHE-HONGRIE
M. D'AZOV
Crimée
Sébastopol
Monts Caucase
M. CASPIENNE
Save R.
Belgrade
ROUMANIE
Bucarest
SERBIE
MONTÉNÉGRO
Cettigne
Sofia
BULGARIE
Balkans
Varna
Danube Fl.
MER NOIRE
Andrinople
Brindisi
TURQUIE D'EUROPE
Constantinople
Bosphore
Trébizonde
Salonique
M. DE MARMARA
Dardanelles
ARCHIPEL
Îles Ioniennes
Eubée
Athènes
Smyrne
TURQUIE D'ASIE
Corinthe
GRÈCE
Navarin
I. Cyclades
de Marseille à Constantinople
La Canée
Candie
Rhodes (T.)
Chypre (A.)
MER MÉDITERRANÉE
SUD
EUROPE POLITIQUE
St Pétersbourg

nombre de trois : la *péninsule ibérique*, la *péninsule italique* et la *péninsule des Balkans*. — Toutes jouissent sur les côtes du *climat méditerranéen*, chaud et sec, au ciel clair.

2. Péninsule ibérique. — La péninsule ibérique, située entre l'Atlantique et la Méditerranée, comprend deux États : le *Portugal* et l'*Espagne*.

3. Le **Portugal** (5 430 000 h.) est un *pays de plaines* ; on y cultive la *vigne*. La capitale, *Lisbonne*, possède un port admirable à l'embouchure du Tage.

4. L'**Espagne** (18 600 000 h.) séparée de la France par les Pyrénées, est un *plateau* limité au nord et au sud par les plaines de l'Ebre et du Guadalquivir : les fleuves, encaissés et pauvres en eau, ne servent guère à la navigation.

L'Espagne renferme beaucoup de *mines*, elle produit des *fruits renommés*. — Elle a pour capitale *Madrid* et comme port principal, *Barcelone*.

5. Péninsule italique.—L'Italie (33 500 000 h.) comprend : 1° la *plaine du Pô*, encadrée au nord par les Alpes ; 2° une *longue presqu'île* parcourue par l'Apennin ; 3° deux grandes îles, la *Sicile* et la *Sardaigne*.

6. La plaine du Pô est la *partie fertile et industrielle* de l'Italie.

7. La capitale du royaume est *Rome*, sur le Tibre ; la ville la plus peuplée est *Naples* (563 000 h.), près du Vésuve. Dans la plaine du Pô se trouvent : *Milan, Turin*, et *Venise*.

8. Péninsule des Balkans. — La péninsule des Balkans est un pays montagneux et aux côtes découpées qui comprend :

1° la **Turquie** (6 130 000 h.), capitale *Constantinople* (1 125 000 h.), sur le détroit du Bosphore ;

2° la **Grèce** (2 400 000 h.), capitale *Athènes* : monuments de l'antiquité grecque ;

3° le **Monténégro** (230 000 h.), capitale *Cettigne* ;

4° la **Bulgarie** (3 700 000 h.), coupée d'est en ouest par les Balkans, capitale *Sofia*.

Les populations appartiennent en majorité aux races *slave* et *grecque* : elles sont ennemies.

Fig. 20. — Ruines grecques (Athènes).

RÉSUMÉ

Les 7 États des péninsules méridionales sont :

1° le *Portugal*, cap. Lisbonne;
2° l'*Espagne*, cap. Madrid ;
3° l'*Italie*, cap. Rome ;
4° la *Turquie*, cap. Constantinople ;
5° la *Grèce*, cap. Athènes ;
6° le *Monténégro*, cap. Cettigne;
7° la *Bulgarie*, cap. Sofia.

Questionnaire et devoirs. — Dites ce que vous savez : 1. Sur la péninsule ibérique. — 2. Sur la péninsule italique. — 3. Sur la péninsule des Balkans.

Cartographie. — Les péninsules méridionales.

4e LEÇON. — *L'Europe orientale.*

1. La *grande plaine orientale* comprend : la Roumanie et la Russie.

2. Roumanie. — La Roumanie (6 400 000 h.), limitée au sud par le Danube, a pour capitale *Bucarest*.

3. Russie. — Le *vaste empire* de Russie (110 260 000 h.), au *climat continental*, arrosé par de grands fleuves, peut être partagé du nord au sud en 4 régions parallèles : la *région des toundras*, la *région des forêts*, la *région des Terres Noires* (cultures) et la *région des steppes*. — Les fleuves rendent de grands services pour les communications : gelés en hiver, des traîneaux les parcourent.

4. L'industrie commence à se développer en Russie (autour de Moscou, en Pologne). Le sous-sol renferme des *mines de houille*, de *fer* et de *cuivre*.

5. La capitale de l'Empire est *Saint-Pétersbourg* (1 450 000 h.) sur la Néva ; les villes principales sont *Moscou, Varsovie*, ancienne capitale de la Pologne, *Odessa*.

6. L'Europe orientale produit beaucoup de *blé*.

RÉSUMÉ

Les 2 États de l'Europe plate ou orientale sont :

1° la *Roumanie*, cap. Bucarest ;

2° le vaste empire de *Russie*, qui se continue en Asie (*Sibérie, Transcaucasie, Turkestan occidental*), cap. Saint-Pétersbourg, v. p. : Moscou.

Questionnaire et devoirs. — 1. Que savez-vous sur la Roumanie ? — 2. Parlez des fleuves russes. — 3. Nommez les régions de la Russie. — 4. Les villes principales. — 5. Quelles sont les possessions russes en Asie ?

Cartographie. — La plaine orientale : Russie et Roumanie.

DEUXIÈME PARTIE. — LA FRANCE ET SES COLONIES

I. — ÉTUDE SPÉCIALE DU DÉPARTEMENT

Plan de cette étude à l'usage des maîtres.

1° *Partir de la localité que l'on habite* (village, bourg ou ville).

a) *Le milieu physique* : 1° le relief et la température ; — 2° l'eau et l'humidité ; — 3° la résultante : le **climat**.

b) *Les ressources locales* : — les classer : 1° en **produits du sol** (agriculture, culture maraîchère, prairies : d'où élevage) ; — 2° en **produits du sous-sol** (carrières, mines) ; — 3° en **produits de l'industrie** (à domicile ou à l'usine) ; — 4° en **produits de la pêche** ; — 5° en **produits du commerce**.

Insister : sur l'activité des habitants ; sur leur travail intelligent ; sur les habitudes semblables que donnent le même travail, les mêmes occupations.

....

c) ***L'administration communale.***

d) ***Relations de la commune :***

1° Avec les *localités voisines* ;

2° Avec le *centre* le plus rapproché ;

3° Avec les « *pays* » voisins : voies de communication à cet effet.

2° *Rattacher la localité au « pays »* dont elle fait partie (par exemple : Marcilly-la-Campagne, localité du département de l'Eure, à la Campagne de Saint-André).

Caractériser le « *pays* » en examinant : 1° son relief ; 2° son climat ; 3° ses eaux courantes ; 4° ses ressources ; 5° les *centres* qu'on y trouve : où les produits se concentrent, où l'on s'approvisionne.

3° *Rechercher les autres « pays » voisins et ceux du département tout entier.* (Ex. : Pour le département de l'Eure : Lieuvin, Roumois, Pays d'Ouche, Pays de Conches et de Breteuil, Plateau du Neubourg, Campagne de Saint-André, Plateau de Madrie ou Ile de Grâce, Vexin normand).

a) Montrer : 1° la nature de leur sol ; — 2° comment ils sont conditionnés par le relief, le climat, les côtes (s'il y a lieu) ; — 3° comment les rivières les longent ou les traversent ; — 4° quelles ressources les font vivre ; — 5° quelles voies de communication y desservent les localités ou les unissent aux « pays » voisins ou aux grands centres de la « *région* ».

b) *Rattacher le pays aux grandes « régions » naturelles.* (Par exemple tous les pays énumérés ci-dessus à la partie occidentale de la région du **Bassin Parisien** (Normandie).

4° La géographie *physique* et *économique* du département étant ainsi épuisée, il restera :

a) A répartir ces « *pays* », véritables divisions naturelles entre les divisions administratives et factices : **arrondissements** et *cantons* du département ;

b) A dire quelques mots de l'administration du *canton*, de l'**arrondissement** et du **département**.

Note. — Cette étude départementale se fera avant d'aborder la géographie de la France ou quand on étudiera la *région* à laquelle appartient le département que l'on habite. La deuxième façon de procéder nous semble plus logique et, partant, préférable.

II. — NOTIONS GÉNÉRALES SUR LA FRANCE

1re LEÇON. — *Situation de la France.*

1. La **superficie** de la France est d'environ 536 000 kilomètres carrés ; elle est le *quatrième* Etat de l'Europe pour l'étendue (Russie, Autriche-Hongrie, Allemagne, France).

2. Sa *largeur* était, avant 1870, *sensiblement égale à sa longueur* ; cette largeur se réduit de moitié entre Narbonne et Bayonne (isthme français ou *gaulois*).

Fig. 21. — Forme et limites de la France.

3. La France est bornée : au nord, par la *Manche*, le *Pas-de-Calais*, la *mer du Nord*, la *Belgique*, le *duché de Luxembourg* ; — à l'est, par l'*Allemagne* (Alsace-Lorraine), la *Suisse* et l'*Italie* ; — au sud, par la *Méditerranée* et l'*Espagne* ; — à l'ouest, par l'*Océan Atlantique*.

4. La France est le seul pays de l'Europe qui touche à la fois à la *mer du Nord* et à la *Méditerranée* ; elle est avantageusement située en face de l'Angleterre ; une partie des marchandises qui vont d'Europe en Orient et en Amérique empruntent son territoire.

5. La France a des **frontières naturelles** au sud et à l'est : les *Pyrénées* la séparent de l'Espagne ; les *Alpes*, de l'Italie ; le *Jura*, de la Suisse.

6. Mais sa frontière du nord-est est *ouverte aux invasions* : du côté de l'Allemagne et de la Belgique une ligne conventionnelle limite les Etats.

RÉSUMÉ

1. La France (536 000 km²) est le 4e Etat de l'Europe pour l'étendue.

2. Elle est bornée : au nord, par la *Manche*, le *Pas-de-Calais*, la *mer du Nord* et une *ligne conventionnelle* jusqu'aux Vosges (Belgique, Luxembourg, Allemagne) ; — à l'est, par les *Vosges* (Allemagne), le *Jura* (Suisse), les *Alpes* (Italie) ; — au sud, par la *Méditerranée* et par les *Pyrénées* (Espagne).

Questionnaire et devoirs. — 1. Quelle est l'étendue de la France ? — 2. Quelles sont les bornes de la France ?

Cartographie. — Dessiner la France : indiquer les noms géographiques du texte.

2e LEÇON. — *Formation du territoire français.*

1. A la fin de l'**époque primaire**, trois îles et deux archipels de terrains cristallins existaient sur l'emplacement du territoire français : 1° les îles de *Bretagne-Vendée*, du *Massif Central*, de l'*Ardenne-Vosges* ; — les archipels des *Alpes* et des *Pyrénées*.

2. Des détroits séparaient ces terres : détroits du *Poitou*, de la *Côte-d'Or* ou de *Langres*, de *Lyon* et de *Naurouze*.

3. Durant l'**époque secondaire**, les détroits se trouvèrent comblés. On eut alors 3 grands golfes marins : golfe *parisien*, golfe *aquitain*, golfe *méditerranéen* que les dépôts sédimentaires comblèrent à leur tour.

4. Enfin pendant la **période tertiaire**, le plissement alpin donna naissance aux *massifs des Pyrénées* et des *Alpes*, les *calcaires du Jura* furent plissés par contre-coup, le *Massif Central* redressé dans sa partie orientale, et les *volcans d'Auvergne* entrèrent en éruption.

5. De là, la *variété du sol français* ; les territoires occupés par les anciens golfes sont les *plus favorables aux cultures*.

RÉSUMÉ

Le sol français est composé :

1° De massifs anciens : *Bretagne-Vendée*, *Massif Central*, *Vosges et Ardennes* ;

France géologique

2° De bassins occupant l'emplacement d'anciens golfes : *Bassin Parisien, Bassin Aquitain, couloir Saône et Rhône* ;

3° De massifs récents : *Pyrénées, Alpes, Jura.*

Questionnaire et devoirs. — 1. Quels sont les massifs de terrains anciens ? — 2. Nommez les bassins français. — Quels sont les massifs récents ?

CARTOGRAPHIE. — Établir une carte du territoire français pendant l'époque secondaire.

Lectures. — L'isthme gaulois. — Le trait caractéristique de la situation de la France, c'est l'existence de l'**isthme gaulois**. Nulle part, entre l'Oural et Gibraltar, les deux mers ne se rapprochent autant l'une de l'autre. De l'embouchure de la Gironde à celle de l'Aude, on ne mesure pas plus de 350 kilomètres (1 100 kilomètres entre Odessa et Kœnigsberg, 1 000 kilomètres entre Stettin et Trieste)[1] ; cet isthme est traversé par un grand couloir fluvial ; de même le couloir du **Rhône-Saône** se continue par celui du Rhin vers la mer du Nord et diverge vers le Nord par la vallée de la Seine. L'altitude entre Bordeaux et Cette ne dépasse pas 191 mètres, elle n'atteint pas 500 entre Saône et Seine. Une semblable organisation aurait fait de la France la première nation maritime — à la fois océanienne et méditerranéenne — de l'Europe, si l'absence d'une frontière naturelle vers le nord-est ne lui avait créé des préoccupations continentales (*H. Hauser.* — Géogr. de la France. — *Vuibert et Nony*, éd.).

1. Consulter la carte de la page 20.

* * *

Symétrie des terrains de France. — L'examen de la carte géologique de France nous montre tout d'abord une grande masse de terrains *archéens* (très anciens) ; c'est un gigantesque piédestal de granit et de gneiss, sur lequel se dressent en pyramides plus ou moins régulières, en dômes, en cônes, des montagnes et des roches d'éruption, anciens volcans éteints. C'est ce qu'on appelle le Massif Central, parce qu'il occupe à peu près le centre de la France. Il projette vers le nord le promontoire abrupt du Morvan, au sud, les Cévennes et la Montagne Noire.

Aux quatre angles de ce massif, séparés autrefois par la mer, unis aujourd'hui par des terrains plus récents, se dressent quatre îles de terrains anciens et primaires : au sud-ouest, les Pyrénées ; au sud-est, les Alpes ; au nord-est, les Vosges et l'Ardenne ; au nord-ouest, la Bretagne-Vendée. Ce sont les quatre bornes angulaires (D'après *L. Bougier.* — Géogr. de la France. — *F. Alcan*, éd.).

* * *

La géologie, les aspects, les productions. — La composition géologique du sol explique en partie les aspects et les productions.

Les **terrains cristallins** (archéens et primaires) sont imperméables : l'eau ruisselle de toutes parts sur les *granits* ; elle s'amasse en larges flaques sur les *schistes* dépourvus de pente. Les terrains cristallins conviennent aux pâturages ; les riches cultures y sont impossibles.

En plaine, les **terrains secondaires et tertiaires**, plus favorables à l'agriculture, présentent cependant de grandes différences.

Les eaux s'infiltrent dans les *calcaires* pour reparaître plus bas et donner naissance à des sources ; les pays calcaires non recouverts de limon sont secs : on y élève le mouton, animal qui craint l'humidité ; on peut aussi les planter de vignobles, car la vigne ne demande qu'une chaleur suffisante ; les habitations, disséminées sur les sols granitiques, se rassemblent au bord des cours d'eau et des sources dans les pays qui nous occupent. — Si l'*argile*, le *calcaire* et le *sable* sont alliés en proportion convenable (terrains tertiaires), les riches cultures prospèrent ; il en est de même dans les régions très arrosées où le *calcaire* secondaire se trouve *recouvert de limon*. — Enfin, les pays *argileux*, et partant imperméables, sont parsemés d'étangs (ex. : la *Sologne*).

Dans les **montagnes**, les calcaires présentent des formes pittoresques, déchiquetées ; les dénominations d'*aiguilles*, de *pics*, de *dents* s'appliquent aux élévations granitiques.

3e LEÇON. — *Vue d'ensemble sur le relief.*

1. Les *plaines* occupent plus de la moitié de la superficie de notre territoire, les *plateaux* environ le quart et les *systèmes montagneux* proprement dits le cinquième.

2. Une ligne droite tirée de *Bayonne à Mézières* diviserait la France en deux grandes parties : au nord-ouest (côté atlantique), nous avons surtout des **plaines** ; au centre et à l'est (côté méditerranéen), nous avons surtout des **montagnes**.

3. **Les plaines.** — Les plaines, collines et vallées se répartissent en 3 groupes : — 1° le *Bassin Parisien*, arrosé par la Seine et la Loire moyenne, et auquel fait suite la plaine de Flandre ; — 2° le *Bassin Aquitain*, arrosé par la Garonne ; — 3° la *plaine du Rhône* et de la *Saône*, arrosée par le Rhône et son affluent la Saône[1].

4. **Les montagnes.** — Les montagnes se répartissent en deux groupes : 1° les montagnes de la région méditerranéenne qui sont les plus élevées : **Pyrénées, Alpes** (Mont-Blanc : 4 810 mètres) et *Jura*, dépendance des Alpes ; — 2° les montagnes situées en avant des premières : *Massif Central, Vosges*.

Une suite de dépressions séparent ces deux groupes. Ce sont : le Bassin Aquitain et le seuil de Naurouze, la plaine du Rhône et de la Saône, la trouée de Belfort.

5. **Les plateaux.** — Des plateaux se trouvent : 1° ou adossés aux massifs montagneux, comme le *plateau du Limousin*, le *plateau de Langres*, le *plateau lorrain*, l'*Ardenne* ; — 2° ou isolés, comme le *plateau armoricain* (Bretagne-Vendée).

RÉSUMÉ

1. En France, ce sont les **plaines** et les **élévations moyennes** qui prédominent.

2. Les principales plaines sont : le *Bassin Parisien* (plaines de Normandie, de Champagne, Sologne, etc.), le *Bassin Aquitain* (plaine des Landes, etc.), la *Vallée du Rhône et de la Saône* (plaine du Languedoc, etc.).

Fig. 22. — Route et tunnel dans les Alpes.

3. Les principales montagnes sont : les ***Pyrénées***, les ***Alpes***, le *Jura*, le *Massif Central* et les *Vosges*.

4. Les plateaux (*plateau du Limousin*, de *Langres*, de *Lorraine*, *Ardenne*, *plateau armoricain*) sont adossés aux massifs montagneux ou isolés.

Questionnaire et devoirs. — 1. Indiquez les régions de plaines. — 2. Quelles sont les principales montagnes ? — 3. Citez les principaux plateaux.

Cartographie. — Carte de la France : indiquer les noms géographiques du texte.

[1] Ces plaines ne sont pas plates et uniformes, mais ondulées, parsemées de collines, creusées de vallées.

4e LEÇON. — *Le climat français.*

1. La France est, dans sa plus grande partie, sous l'influence des *vents d'ouest*.

2. Les pluies tombent : 1° d'abord sur les *côtes de la Manche* et de l'*Atlantique* ; 2° ensuite sur la *ligne des plateaux* ; 3° enfin, sur le *versant ouest* des hauts sommets. — Les plaines sont relativement peu arrosées lorsqu'elles ont des collines sur leur pourtour. Ex. : la *plaine de Champagne*.

3. Mais si la France est baignée par l'*Atlantique*, elle l'est aussi par la *Méditerranée* : sur les bords de cette mer, les vents soufflent plutôt de la terre vers la mer et la latitude est plus méridionale. De là un climat spécial, *chaud et sec*.

4. Le climat français varie encore avec : 1° l'*éloignement de la mer* (climat du Nord-Est) ; 2° avec l'*altitude* (climat du Massif Central, du Jura, des Alpes).

5. Si, dans l'ensemble, la France, à cause de sa position en latitude et de sa situation océanique, jouit d'un *climat tempéré*, ce climat n'est vraiment *maritime* que dans la *région armoricaine* (influence du Gulf-Stream), le *Bassin Aquitain* et le *Bassin Parisien* (partie occidentale).

7. Les particularités du climat règlent : 1° *la répartition des cultures* ; 2° *l'élevage* ; 3° *la disposition des habitations*.

RÉSUMÉ

1. La France est, dans l'ensemble, une *contrée tempérée* et suffisamment arrosée.

2. On y distingue cependant des climats différents : 1° **les climats atlantiques** : *armoricain, aquitain, parisien* ; 2° **les climats continentaux** : Nord-Est, Alpes, Massif Central ; 3° **le climat méditerranéen**.

Questionnaire et devoirs. — 1. Quel est, dans l'ensemble, le climat de la France ? — 2. Quels sont les climats atlantiques ? — 3. Ou les climats ont-ils une tendance continentale ? — 4. Parlez du climat méditerranéen.

Cartographie. — Tracer une carte de France, marquer le relief du sol, indiquer les climats et les noms contenus dans la leçon ci-dessus.

5e LEÇON. — *Les eaux courantes. Généralités.*

1. **Le Massif Central**, bien arrosé et situé au centre de notre pays, est le principal centre hydrographique français ; il envoie ses eaux vers la *Garonne*, la *Loire*, le *Rhône* et la *Seine* (Yonne : Morvan).

2. Comme les eaux alpestres et pyrénéennes ne corrigent pas le Rhône et la Garonne, ces fleuves, de même que la Loire, sont *irréguliers* et *peu utilisables*.

3. **La Loire,** alimentée par des cours d'eau qui viennent de *terrains granitiques* (Massif Central, région armoricaine), est soumise à un régime de *crues* et de *fortes baisses*.

4. **La Garonne,** *très irrégulière*, inonde souvent ses bords.

5. **Le Rhône,** *très rapide*, a un débit *peu régulier* jusqu'à Lyon : mais, si à partir de cet endroit les eaux de la *Saône* maintiennent en hiver le niveau du fleuve, il n'en demeure pas moins rapide et impropre à la navigation.

6. De même que la Saône, la Seine, fleuve de plaine, a un *débit régulier* et favorable à la circulation des bateaux.

7. **La Scine** et ses affluents, la *Saône*, l'*Escaut* et quelques petits fleuves côtiers mis à part, les cours d'eau français ont besoin d'être régularisés au moyen de *canaux*.

RÉSUMÉ

1. Le **Massif Central** envoie ses eaux aux quatre grands fleuves français : *Seine, Loire, Garonne* et *Rhône*.

2. La France possède : 1° des cours d'eau *réguliers* (*Seine* et ses affluents, *Saône*, fleuves du Nord) ; 2° des cours d'eau *irréguliers* (la plupart des affluents de la *Loire*, la *Garonne* et ses affluents, le *Rhône* et ses affluents alpestres et cévenols, les cours d'eau méditerranéens).

3. Les premiers seuls sont vraiment utilisables.

Questionnaire et devoirs. — 1. Quel est le principal centre hydrographique français ? — 2. Quels sont les cours d'eau réguliers ? — 3. Quels sont les cours d'eau irréguliers ?

Cartographie. — Tracer une carte de France, indiquer le relief du sol, les principaux cours d'eau réguliers et irréguliers (les premiers en trait plus accentué).

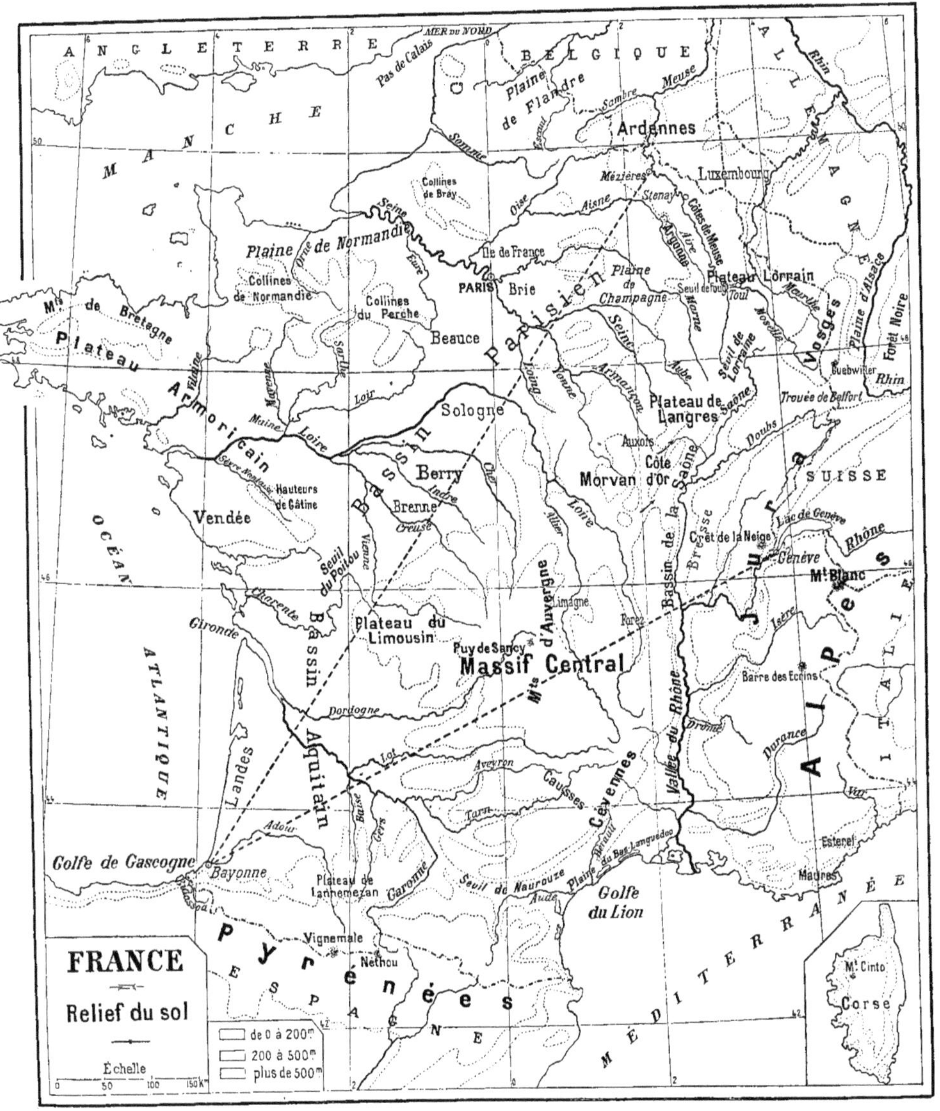
FRANCE
Relief du sol
de 0 à 200m
200 à 500m
plus de 500m
Échelle
ANGLETERRE
MANCHE
BELGIQUE
ALLEMAGNE
SUISSE
ITALIE
ESPAGNE
OCÉAN ATLANTIQUE
MÉDITERRANÉE
MER DU NORD
Pas de Calais
Plaine de Flandre
Ardennes
Luxembourg
Plaine de Normandie
Collines de Normandie
Collines de Bray
Collines du Perche
Mts de Bretagne
Plateau Armoricain
Ile de France
PARIS
Brie
Beauce
Bassin Parisien
Plaine de Champagne
Plateau Lorrain
Vosges
Plaine d'Alsace
Forêt Noire
Trouée de Belfort
Plateau de Langres
Sologne
Berry
Brenne
Vendée
Hauteurs de Gâtine
Seuil du Poitou
Morvan
Côte d'Or
Auxois
Jura
Lac de Genève
Genève
Mt Blanc
Crêt de la Neige
Bresse
Bassin de la Saône
Plateau du Limousin
Puy de Sancy
Massif Central
Mts d'Auvergne
Limagne
Forez
Barre des Ecrins
Alpes
Vallée du Rhône
Bassin Aquitain
Landes
Causses
Cévennes
Golfe de Gascogne
Bayonne
Plateau de Lannemezan
Seuil de Naurouze
Plaine du Bas Languedoc
Golfe du Lion
Estérel
Maures
Pyrénées
Vignemale
Néthou
Mt Cinto
Corse
Seine
Loire
Garonne
Rhône
Rhin
Meuse
Moselle
Somme
Oise
Aisne
Marne
Yonne
Sarthe
Mayenne
Maine
Vienne
Creuse
Indre
Cher
Allier
Charente
Gironde
Dordogne
Lot
Aveyron
Tarn
Adour
Gers
Aude
Durance
Isère
Drôme
Saône
Doubs
Escaut
Sambre
Orne
Eure
Loir
Vilaine
Sèvre Nantaise
Armançon
Aube
Argonne
Côtes de Meuse
Mézières
Stenay
Toul
Guebwiller

6e LEÇON. — *Eaux courantes : Seine, Loire, Garonne.*

1. Système fluvial de la Seine. — La **Seine** prend sa source dans le *plateau de Langres* (471 mètres d'altitude) et se jette dans la Manche.

a) Affluents de droite : **Aube, Marne, Oise** grossie de l'*Aisne*.

b) Affluents de gauche : **Yonne, Loing, Eure.**

c) *Fleuves côtiers* entre Seine et Loire : **Orne, Vire, Rance, Aulne, Blavet, Vilaine** grossie de l'*Ille*.

2. Système fluvial de la Loire. — La **Loire** prend sa source dans le *Massif Central* (Monts du Vivarais : Gerbier des Joncs, 1 400 mètres d'altitude) et se jette dans l'Atlantique.

a) Affluents de droite : **Nièvre, Maine** formée de la *Mayenne*, de la *Sarthe* et du *Loir*.

b) Affluents de gauche : **Allier, Loiret, Cher, Indre, Vienne** grossie de la *Creuse*.

c) *Fleuves côtiers* entre Loire et Gironde : **Sèvre Niortaise, Charente.**

3. Système fluvial de la Garonne. — La **Garonne** naît dans les *Pyrénées* (val d'Aran : 1 900 mètres d'altitude), prend le nom de *Gironde* après son confluent avec la Dordogne et se jette dans l'Atlantique.

a) Affluents de droite : **Ariège, Tarn** grossi de l'*Aveyron*, **Lot, Dordogne** grossie de l'*Isle*.

b) Affluents de gauche : **Gers, Baïse.**

c) *Fleuves côtiers* au sud de la Gironde : **Adour** grossi du *Gave de Pau*.

RÉSUMÉ

1. La ***Seine*** (plateau de Langres) se jette dans la Manche. Elle reçoit, à droite : l'*Aube*, la *Marne*, l'*Oise* grossie de l'Aisne ; — à gauche : l'*Yonne* et l'*Eure*.

2. La ***Loire*** et la ***Garonne*** se jettent dans l'Atlantique.

3. La ***Loire*** (Massif Central) reçoit, à droite : la *Maine* formée de la *Mayenne*, de la *Sarthe* et du *Loir* ; à gauche : l'*Allier*, le *Cher*, l'*Indre*, la *Vienne* grossie de la Creuse.

4. La ***Garonne*** (Pyrénées) reçoit à droite : l'*Ariège*, le *Tarn*, le *Lot* et la *Dordogne* ; — à gauche, le *Gers* et la *Baïse*.

5. Les **fleuves côtiers** de la Manche et de l'Atlantique sont : la ***Somme***, l'***Orne***, la ***Rance***, le ***Blavet***, la ***Vilaine***, la ***Charente***, l'***Adour***.

Questionnaire et devoirs. — Donner les affluents : 1° de la Seine : rive droite, rive gauche ; — 2° de la Loire : rive droite, rive gauche ; — 3° de la Garonne : rive droite, rive gauche ; — 4° les fleuves côtiers de la Manche et de l'Atlantique.

Cartographie. — Dessiner les systèmes fluviaux de la Manche et de l'Atlantique.

7e LEÇON. — *Eaux courantes : Rhône et fleuves du Nord.*

1. Système fluvial du Rhône. — Le **Rhône** prend sa source dans les *Alpes* (Saint-Gothard : 1 750 mètres d'altitude) et se jette dans la Méditerranée par un delta.

a) Affluents de droite : **Ain, Saône**, grossie du *Doubs*, **Ardèche, Gard.**

b) Affluents de gauche : **Isère** grossie de l'*Arc*, **Drôme, Durance.**

c) **Fleuves côtiers** de la Méditerranée — **Aude, Hérault, Var.**

2. Systèmes fluviaux du Nord. — L'affluent français du **Rhin** est la **Moselle** qui reçoit la *Meurthe*.

3. La **Meuse** prend sa source dans le *plateau de Langres* et se jette dans la mer du Nord ; elle reçoit la *Sambre*.

4. L'**Escaut** prend sa source dans les *hautes terres d'Artois et de Picardie* et se jette dans la mer du Nord ; il reçoit la *Scarpe* et la *Lys*.

5. **Fleuves côtiers** au nord de la Seine : **Somme, Béthune.**

RÉSUMÉ

1. Le ***Rhône***, venu de Suisse, reçoit à droite : l'*Ain*, la *Saône* grossie du Doubs, l'*Ardèche* et le *Gard* ; — à gauche : l'*Isère*, la *Drôme*, la *Durance*. Il se jette dans la Méditerranée.

2. Les **fleuves côtiers** de la Méditerranée sont : l'***Aude***, l'***Hérault***, et le ***Var***.

3. Le ***Rhin*** qui ne coule plus en terre française reçoit la *Moselle* grossie de la Meurthe.

4. Le ***Rhin***, la ***Meuse*** et l'***Escaut*** se jettent dans la mer du Nord.

Questionnaire et devoirs. — 1. Donner les affluents du Rhône : rive droite, rive gauche. — 2. Quels sont les fleuves côtiers de la Méditerranée ? — 3. Quel est l'affluent français du Rhin ? — 4. Où se jettent la Meuse, l'Escaut et le Rhin ?

Cartographie. — Systèmes fluviaux du Rhône et de la mer du Nord.

8e LEÇON. — *Les côtes.*

1. Les côtes françaises, très variées d'aspect, sont souvent défavorables à la navigation.

2. Mer du Nord et Manche. — Au nord de la France, la mer du Nord et la Manche, *nappes d'eau peu profondes*, sont unies par le détroit du Pas-de-Calais.

En mettant à part les *dunes*[1] de la mer du Nord (côte de Flandre) le littoral est, en général, *élevé* et *bordé de falaises crayeuses* dans le Boulonnais (cap Gris-Nez) et le pays de Caux (cap

Fig. 23. — Falaises normandes.

de la Hève) : — dans le Calvados, on trouve des *plages sablonneuses* et des *falaises* minées par le flot (rochers du Calvados) : — en Bretagne, le littoral, formé de *roches cristallines* plus ou moins résistantes, est *très découpé*.

3. Atlantique. — Sur l'Atlantique, les côtes de Bretagne sont encore *rocheuses et découpées* (Pointe Saint-Mathieu, Baie de Douarnenez, etc.) ; — de la Loire à la Gironde, le rivage devient *bas, sablonneux et marécageux* : on y exploite des *marais salants* ; — de la Gironde à l'Adour (golfe

Fig. 24. — Côtes basses ; marais salants.

de Gascogne), il est *rectiligne* sans abris, avec des

1. Fixées par des graminées appelées oyats.

dunes de sable[1]; — il se relève à l'approche des Pyrénées.

REMARQUE. — Du Cotentin à l'embouchure de la Gironde, des îles s'alignent parallèlement à la côte : ce sont les *débris de l'ancien rivage* attaqué par les vagues (îles normandes, Ouessant, Groix, Belle-Ile, Noirmoutier, Yeu, Ré, Oléron). — Ailleurs des terres sont reconquises sur la mer dans le Marquenterre, l'Aunis et les Landes.

4. **La Méditerranée.** — La Méditerranée, mer presque sans marées, est *plus calme* que l'Atlantique et la Manche. Ses côtes françaises ont la forme d'un S couché. — La première boucle est formée par les *côtes basses* du golfe du Lion (Bas-Languedoc), bordées d'*étangs et de flèches de sable* dues aux apports du Rhône et des torrents côtiers. — L'autre boucle, à l'est du delta du Rhône, est constituée par les *rochers granitiques* de la Provence, découpés de baies et de caps, avec des îles au large (îles d'Hyères, de Lérins).

5. Si l'on excepte la *Bretagne*, la *Provence* et les *estuaires des fleuves*, on voit que la France *n'est pas favorisée* pour l'articulation de ses côtes. Mais le travail de l'homme a établi ou amélioré des ports. *Le Havre* et *Marseille* sont les plus importants. — Sur les côtes basses, on élève les *huîtres* et les *coquillages*, on exploite les *marais salants*.

1. Fixées par des pins maritimes.

RÉSUMÉ

1. Les côtes françaises présentent une grande variété, mais les *types défavorables prédominent*.

2. Les côtes françaises sont *élevées*, *échancrées* et *déchiquetées* en Bretagne (rade de Brest) et en Provence (rade de Toulon).

3. Elles sont bordées de *falaises calcaires* dans le Boulonnais, le Pays de Caux et le Bessin (ouest du Calvados).

4. Partout ailleurs, elles sont *basses et plates* : Flandre, Picardie, Calvados, Vendée, Aunis, Landes et Bas-Languedoc.

Questionnaire et devoirs. — 1. Quels sont les types de côtes qui prédominent en France ? — 2. Citez les pays à côtes granitiques. — 3. Les pays bordés de falaises. — 4. Les pays à côtes basses.

Cartographie. — 1° Côtes de la mer du Nord, de la Manche et de l'Atlantique. — 2° Côtes méditerranéennes.

9e LEÇON. — *France économique. Agriculture.*

1. Bien arrosée, formée en majeure partie de plaines, la France est un pays *essentiellement agricole*.

2. Toutefois les cultures varient avec le *relief et la latitude*. Aussi peut-on distinguer dans notre pays *quatre zones* principales de cultures : 1° la *zone de l'olivier* ; 2° celle du *maïs* ; 3° celle de la *vigne* ; 4° celle du *pommier à cidre*.

3. Mais ce qui caractérise la France au point de vue agricole, c'est : 1° **la culture du blé** ; — 2° la production des **betteraves** ; — 3° l'élevage du **gros bétail** ; — 4° le travail de la **vigne**.

4. Pour cultiver le **blé**, il faut un climat doux, beaucoup de chaleur en été et de bonnes terres. — La France produit *plus de blé qu'elle n'en consomme* et elle pourrait en produire encore davantage.

La région du **Nord** (Nord, Pas-de-Calais), l'**Ile de France** (Oise, Seine-et-Oise), la **Brie** (Seine-et-Marne), la **Normandie** (Seine-Inférieure), la **Beauce** (Eure-et-Loir), le **Bassin Aquitain** (Haute-Garonne, etc.), la **Limagne** (vallée de l'Allier) sont des *terres à blé*.

5. Si beaucoup de *cultures industrielles* (colza, navette, œillette, etc.), ont diminué en France depuis l'importation des pétroles et des graines exotiques, la **betterave** prend une importance énorme dans la *région du Nord*.

6. Le **petit bétail** convient aux terres pauvres. Le **gros bétail** (bœufs, chevaux) veut un sol riche et humide. Le *Boulonnais* (Pas-de-Calais), le *pays de Bray*, la *Basse-Normandie*, etc., se livrent à l'*élevage* en grand (élevage intensif).

7. La **vigne** exige une saison chaude bien marquée, pas de gelées tardives ou précoces, pas d'excès d'humidité. — Ces conditions existent : 1° dans le *Midi* (Bas-Languedoc) ; 2° dans le *Bordelais* et les *Charentes* ; 3° en *Bourgogne* ; 4° en *Champagne* ; 5° dans le *Val de Loire*. — Aussi, malgré les ravages causés par l'invasion du phylloxera, la France ne connaît pas de rivaux pour la *production du vin*.

RÉSUMÉ

1. L'agriculture française est caractérisée par la *culture du blé*, de la *vigne*, de la *betterave*, par l'*élevage du gros bétail*.

2. Le blé est cultivé dans le *Nord*, la *Brie*, la *Beauce*, la *Limagne*, le *Bassin Aquitain*, la *Normandie*, etc.

Fig. 25. — La Beauce.

3. La vigne est cultivée dans le *Midi* (Bas-Languedoc), le *Bordelais*, la *Champagne*, la *Bourgogne*, le *Val de Loire*.

4. La betterave est cultivée dans le *Nord*.

5. On se livre à l'*élevage* dans les pâturages d'été de la montagne, mais surtout dans les pays maritimes très humides (Normandie).

Questionnaire et devoirs. — 1. Qu'est-ce qui caractérise la France au point de vue agricole ? — 2. Où cultive-t-on le blé ? — 3. La vigne ? — 4. La betterave ? — 5. Où se livre-t-on à l'élevage ?

Cartographie. — Dessiner la France ; indiquer les noms géographiques du texte ; tracer les limites des zones de culture.

10e LEÇON. — *France économique. Industrie.*

1. L'industrie a besoin : 1° *de force motrice* (nécessité de la houille noire ou de la houille blanche) ; 2° de *matières premières* (métaux, laines, produits textiles) ; 3° de *débouchés* et de *voies de communication*.

2. En France, l'industrie souffre de la *rareté de la houille* : parmi les métaux, le *fer* seul est abondant. Cependant au moyen des *matières premières* importées de l'étranger (coton, laine, métaux) la France fournit des produits industriels de 1er ordre et elle occupe même le *premier rang pour les soieries*.

3. La **houille** existe en France : 1° dans le Nord (bassins de Valenciennes-Anzin-Lens) ; 2° autour du Massif Central (bassins du Creusot, de Saint-Étienne, d'Alais, de Decazeville, de Commentry), c'est-à-dire à proximité des massifs anciens dits **hercyniens**.

4. Les régions industrielles se trouveront donc à l'est d'une ligne tirée du Havre à Toulouse : à l'ouest de cette ligne (domaine de la houille anglaise) il y aura *peu d'industries*.

5. Les principales régions industrielles de l'est de la France sont :

1° La **région du Nord** (*métallurgie* : Lille ; *lainages* : Roubaix, Tourcoing ; *cotonnades* : Tourcoing, Lille, Saint-Quentin, etc.).

2° La **région de Haute-Normandie** (*cotonnades* : Rouen ; *draps* : Elbeuf, Louviers).

3° La **région parisienne** (Paris : *industries artistiques, machines*, etc.)

4° La **région de l'Est** (*métallurgie* : environs de Nancy ; *cristallerie* : Baccarat ; *draps* : Sedan ; *cotonnades* : Vosges).

5° La **région du Morvan** (*métallurgie* : le Creusot).

6° La **région lyonnaise** (*métallurgie* : Saint-Étienne ; *soieries* : Lyon, Saint-Étienne).

7° La **région du Sud-Est** (*draps* : Castres ; *lainages* : Mazamet ; *forges* de l'Ardèche).

RÉSUMÉ

1. L'**industrie** est surtout développée en France à l'est d'une ligne tirée du Havre à Toulouse.

2. A l'ouest de cette ligne se trouve le domaine de la *houille anglaise*.

3. A l'est, à proximité des *bassins houillers* du ***Nord*** et du pourtour du ***Massif Central***, la *métallurgie* a pour centres : **Lille, Saint-Étienne**, le **Creusot** ; l'industrie de la *laine* : **Roubaix, Tourcoing, Reims, Sedan, Elbeuf** ; l'industrie du *coton* : **Tourcoing, Lille, Saint Quentin, Rouen** ; l'industrie de la *soie* : **Lyon** et **Saint-Étienne** (La France tient le 1er rang pour les soieries).

Questionnaire et devoirs. — 1. Où se trouvent les industries françaises ? — 2. Quels sont les centres métallurgiques ? — 3. De l'industrie de la laine ? — 4. De l'industrie du coton ? — 5. De l'industrie de la soie ?

Cartographie. — Carte de la France ; indiquer les bassins houillers et les régions industrielles de l'Est. — Tirer une ligne du Havre à Toulouse.

11e LEÇON. — *France économique. Commerce.*

1. Quant au *commerce extérieur* de la France, quoique menacé par la concurrence étrangère, il n'est encore devancé en Europe que par celui des Iles Britanniques et de l'Allemagne ; il s'élève à environ **10 milliards et demi** par an.

2. Parmi les ports français, citons : **Marseille**, le port des *blés* ; **Le Havre**, le port du *coton* ; **Bor-**

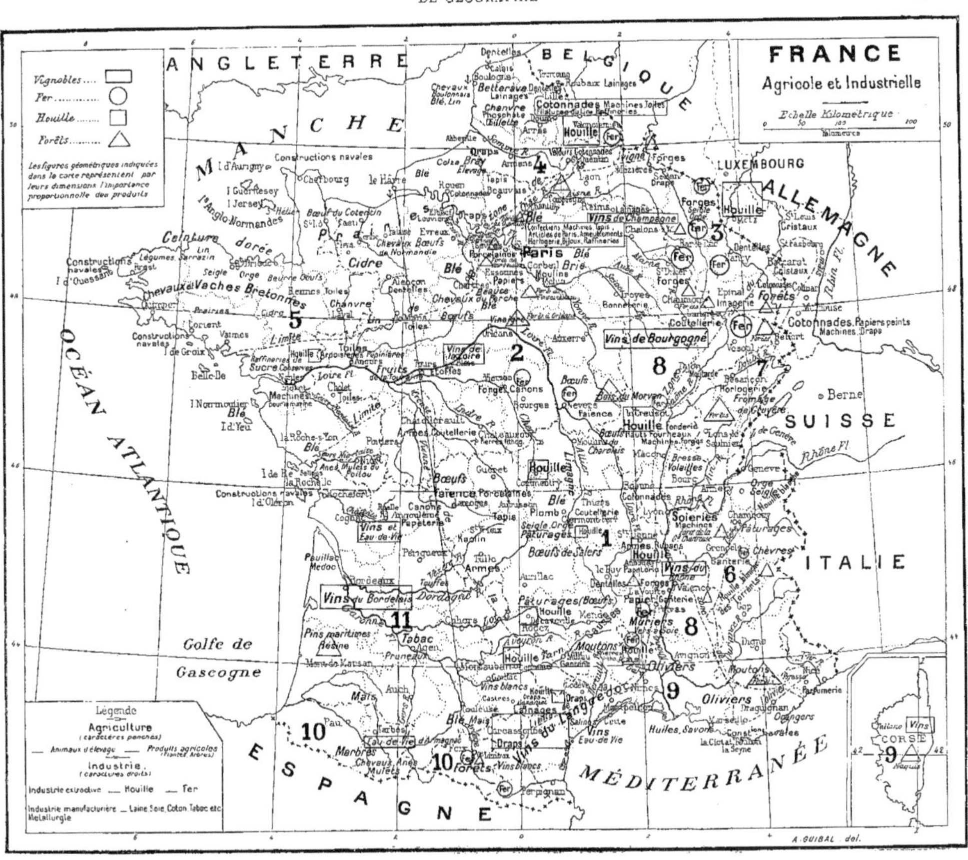

deaux, le port des *vins*; **Saint-Nazaire**, avant-port de Nantes (sucres); **Dunkerque**, qui approvisionne la région du Nord.

3. Le pays qui achète le plus à la France est l'*Angleterre* que l'on peut appeler assez justement « notre meilleure colonie ». — La France achète des *objets bon marché*; elle vend des *objets chers*.

	Ce qu'on nous vend.	Ce qu'on nous achète.
	MILLIONS	MILLIONS
Angleterre	678	1 288
Allemagne	480	540
Belgique	347	741
États-Unis	432	287
Russie	220	80
Colonies françaises	465	480

4. Nous **importons** : 1° des *matières premières* (laine brute, coton brut, bois, houille, etc.); 2° des *produits alimentaires* (céréales, bestiaux, sucre, café, vins); 3° une petite quantité d'objets manufacturés : total, ***5 milliards et demi***. — Nous **exportons** : 1° des objets manufacturés (tissus, articles de Paris, mode, bijouterie, orfèvrerie); 2° des *produits alimentaires* (vins, eaux-de-vie, fromages, beurres, œufs, légumes : total, ***5 milliards***.

RÉSUMÉ

1. Le commerce extérieur de la France est *dépassé par celui de l'Angleterre*, de l'*Allemagne* et des *États-Unis*.

2. La France achète des objets bon marché et vend des objets chers.

3. Parmi les ports français, citons *Marseille*, le port des blés; le *Havre*, le port du coton; *Bordeaux*, le port des vins; *Saint-Nazaire*, *Nantes*, le port du sucre; *Dunkerque*, le débouché de la région du Nord.

Questionnaire et devoirs. — 1. Que savez-vous sur le commerce extérieur de la France ? — 2. Qu'achète et que vend la France ? — 3. Quels sont les principaux ports français ?

CARTOGRAPHIE. — Tracer les côtes de la France et indiquer les principaux ports de commerce (voir carte p. 39).

12e LEÇON. — *France politique. Races, voies naturelles, villes.*

1. La population française provient du *mélange des peuples* que la situation, le climat et les ressources de notre pays attirèrent.

2. Ces peuples divers sont : les hommes préhistoriques, les Ligures et les Ibères, les *Gaulois*, les Phéniciens, les Grecs, les *Romains* et les *Germains* (Francs, Burgondes, etc.)

3. Du VIIIe au XVIe siècle, des *Arabes*, des *Normands*, des *Anglais* et des *Espagnols* se mêlèrent aux populations précédentes qui, déjà, ne se distinguaient plus les unes des autres.

4. Tous ces éléments se sont vite fondus parce qu'ils ont pu se pénétrer grâce aux **trois grandes voies naturelles** qui contournent le Massif Central et déterminent la position des villes importantes.

5. La première de ces voies unit la **Manche** à la **Méditerranée** par le *Bassin Parisien*, le *seuil de la Côte d'Or*, la *vallée de la Saône* et du *Rhône*. — Aujourd'hui deux ports se trouvent à ses deux extrémités : ***Le Havre*** et ***Marseille***; sur son parcours sont situés : **Rouen, Paris, Dijon** et **Lyon.**

6. La deuxième voie va de la **Belgique aux Pyrénées** par le *Bassin Parisien*, le *seuil du Poitou* et le *Bassin Aquitain*. Sur son parcours nous rencontrons : **Lille, Paris, Orléans** et **Bordeaux.**

7. La troisième voie va de l'**Atlantique à la Méditerranée** par le *seuil de Naurouze* et la *plaine du Bas-Languedoc*. Deux ports se trouvent à ses extrémités : ***Bordeaux*** et ***Marseille.***
Toulouse est située sur son parcours.

8. Ces grandes voies ont des embranchements : elles sont reliées à la *mer du Nord* (Dunkerque), — à *l'embouchure de la Loire* par la vallée du fleuve (Nantes et Saint-Nazaire), — aux *pays du Nord-Est* par la Marne et le plateau lorrain (Nancy).

9. REMARQUE. — Les conquérants suivirent jadis ces voies naturelles, et l'annexion des anciennes provinces au *Domaine royal*, qui a créé l'unité française, a obéi à une loi géographique.

RÉSUMÉ

1. La *race française* est un mélange de *Gaulois*, de *Romains* et de *Germains*.

2. L'unité française a été facilitée par les *voies naturelles* qui contournent le Massif Central : 1° voie de la ***Manche à la Méditerranée*** par la Seine, le seuil de la Côte-d'Or, le couloir Saône et Rhône (*Le Havre, Rouen, Paris, Lyon, Marseille*); — 2° voie du ***Nord aux Pyrénées*** par le Bassin Parisien, la trouée du Poitou et le Bassin Aquitain (*Lille, Paris, Bordeaux*); — 3° voie de l'***Atlantique à la Méditerranée*** par le Bassin Aquitain et le seuil de Naurouze (*Bordeaux, Toulouse, Marseille*).

Fig. 26. — Voies naturelles.

Questionnaire et devoirs. — 1. Quels sont les peuples dont le mélange a formé la race française ? — 2. Quel a été le rôle des voies naturelles dans la formation de l'unité française ? — 3. Nommez les trois grandes voies naturelles. Quelles villes se trouvent sur leur parcours ?

CARTOGRAPHIE. — Carte de la France : relief, voies naturelles et grandes villes.

13e LEÇON. — *France politique. — Formation de la patrie française.*

1. Paris est situé au sommet du triangle que forment les voies naturelles et historiques contournant le Massif Central et suivant la route qui relie les anciens détroits.

2. Etablis à Paris sur la Seine et à Orléans sur la Loire, les *Capétiens* occupèrent les routes et, enveloppant le Massif Central, réunirent les provinces une à une.

3. Anciennes provinces. — Le domaine royal comprenait :

L'Ile de France, cap. *Paris*, et l'**Orléanais**[1], cap. *Orléans*.

4. Les ***Capétiens*** directs ajoutèrent au domaine primitif :

Le Berry, cap. *Bourges*; — la **Normandie**, cap. *Rouen*; — la **Touraine**[2], cap. *Tours*; — le **Languedoc**, cap. *Toulouse*; — le **Lyonnais**, cap. *Lyon*; — la **Champagne**, cap. *Troyes*.

5. Les ***Valois*** obtinrent :

Le **Dauphiné**, cap. *Grenoble*; — l'**Aunis**, la **Saintonge** et l'**Angoumois**[3], capitales *La Rochelle, Saintes* et *Angoulême*; — le **Poitou**[4], cap. *Poitiers*; — la **Guyenne**, cap. *Bordeaux*; — la **Bourgogne**, cap. *Dijon*; — le **Maine**[2], cap. *Le Mans*; — l'**Anjou**, cap. *Angers*; — la **Provence**, cap. *Aix*; — le **Bourbonnais**, cap. *Moulins*; — la **Marche**, cap. *Guéret*; — la **Bretagne**, cap. *Rennes*.

6. Les ***Bourbons*** acquirent :

La **Gascogne**, cap. *Auch*; — le **Béarn**, cap. *Pau*; — le **Comté de Foix**, cap. *Foix*; — le **Limousin**, cap. *Limoges*; — l'**Auvergne**, cap. *Clermont-Ferrand*; — l'**Alsace**, cap. *Strasbourg*; — l'**Artois**, cap. *Arras*; — le **Roussillon**, cap. *Perpignan*; — le **Nivernais**, cap. *Nevers*; — la **Flandre**, cap. *Lille*; — la **Franche-Comté**, cap. *Besançon*; — la **Lorraine**, cap. *Nancy*; — la **Corse**, cap. *Bastia*.

7. Depuis 1789, la France s'est agrandie : 1° du **Comtat-Venaissin**, cap. *Avignon*; — 2° de la **Savoie**, cap. *Chambéry*; — 3° du **Comté de Nice**, cap. *Nice*.

En 1871, nous avons perdu l'**Alsace** et une partie de la **Lorraine**.

RÉSUMÉ

1. Établis à Paris et à Orléans, les ***Capétiens***, en suivant les *grandes voies naturelles qui contournent le Massif Central*, ont réuni les provinces une à une.

2. Interrompue pendant la guerre de *Cent ans*, l'annexion des provinces reprit sous *Charles VII*.

3. A la mort de François Ier, à part quelques lacunes, la France était constituée.

4. Restait à en fixer les contours : ce fut l'œuvre de *Henri IV*, de Richelieu, de *Louis XIV* et de *Louis XV*.

5. La 1re *République* donna momentanément à la France les frontières de l'ancienne Gaule.

Questionnaire et devoirs. — 1. Montrez l'importance de Paris. — 2. Comment les Capétiens formèrent-ils la France ? — 3. Quelles sont les provinces réunies par les Capétiens directs ? — 4. Les Valois ? — 5. Les Bourbons ? — 6. Que nous donna la 1re République ? — 7. Quelles modifications subirent nos frontières de 1815 à 1871 ?

1, 2, 3, 4. L'Orléanais, la Touraine et le Maine, l'Angoumois, le Poitou, furent donnés, à titre d'apanage, par les rois à des princes du sang. — Ces provinces ne se trouvèrent réunies définitivement que plus tard (voir carte page 33).

Cartographie. — France divisée en provinces.

14e LEÇON. — *France politique. — Division administrative. — Population.*

1. Avant la Révolution de 1789, la France était divisée en 33 *provinces*, y compris la Corse.

2. En 1790, elle fut divisée, par l'*Assemblée constituante*, en départements.

3. Aujourd'hui, il y a 86 *départements* et 1 *territoire*, subdivisés en 362 *arrondissements*, 2 911 *cantons* et 36 222 *communes*.

Remarque. — Cependant, de nos jours, une réforme administrative s'impose, et la *Commission de décentralisation* nommée par la Chambre des députés serait assez disposée à partager la France, au point de vue politique, en 25 régions concordant, autant que possible, avec les grandes régions naturelles.

4. La France est une *République* dont le gouvernement est confié à un *Président* nommé pour sept ans, assisté de *ministres* responsables qui exercent le *pouvoir exécutif*, et de *deux Chambres*

élues : la **Chambre des députés**[1] et le **Sénat** (300 membres) investies l'une et l'autre du *pouvoir législatif*.

5. L'organisation politique, administrative, judiciaire, universitaire, financière et militaire s'étudie dans le *Cours d'Instruction civique*.

REMARQUE. — Avant la Révolution de 1789, la France était divisée en *provinces*. Chacune de ces provinces avait son administration et ses privilèges. L'*Assemblée constituante*, dans le but d'établir l'unité nationale et l'égalité des droits de tous, décréta, le 26 février 1790, la division de

Fig. 27. — Palais du Sénat.

ces provinces en *départements* ayant chacun la même administration et des subdivisions analogues appelées *arrondissements*. La division nouvelle ne concorda pas toujours avec l'ancienne; certains départements, en effet, ont été formés de portions de différentes provinces.

Ces départements reçurent, un peu au hasard, des noms tirés des *cours d'eau*, des *montagnes*, de leur position *géographique*, etc. Mais ils ne sauraient servir de cadres à une étude géographique véritable : ce sont des *divisions factices* pour la plupart et non des *divisions naturelles*.

*
* *

6. **Population de la France.** — La population de l'État français est de 39337000 habitants, soit 73 au km² (Russie d'Europe et d'Asie : 133 millions; Allemagne : 60 millions; Autriche-Hongrie : 49 millions; Iles Britanniques : 43 millions et demi). La population de la France ne s'accroît qu'avec une *extrême lenteur*; les régions les plus peuplées sont les *régions industrielles* et les *environs de la capitale*.

7. Le *français* est la langue de la presque totalité des habitants. Le bas-breton, le flamand, l'italien, le catalan, le basque se partagent le reste.

8. On compte en France 1000000 étrangers dans les *régions frontières* et à *Paris*. — Par contre, l'émigration française à l'étranger et aux colonies n'est que de *quelques milliers* d'individus par an.

9. Hors de France, notre langue est parlée non seulement dans nos *colonies actuelles*, mais encore dans quelques-unes de nos anciennes, telles que le *Canada*, les *Antilles anglaises*, l'île *Maurice*; elle est aussi parlée dans deux États européens, la *Belgique* et une partie de la *Suisse*.

10. Le *français* est loin d'être aussi répandu que l'*anglais* et l'*espagnol*; le *russe* et l'*allemand* sont également parlés par un plus grand nombre d'individus.

RÉSUMÉ

1. Les provinces, réunies une à une, ont subsisté jusqu'à la Révolution comme *divisions administratives*.

2. Depuis la Révolution, la France est divisée en *départements* : il y a aujourd'hui 86 départements et un territoire.

3. La France compte 39337000 habitants parlant presque tous la langue française.

Questionnaire et devoirs. — 1. Comment était partagée la France sous l'ancienne monarchie? — 2. Comment est divisée aujourd'hui la France? — 3. Quelle est sa population? — 4. Où le français est-il parlé?

15e LEÇON. — *Voies de communication. — Chemins de fer.*

1. Les diverses espèces de voies de communication sont : les *routes*, les *fleuves*, les *rivières navigables*, les *canaux*, les *chemins de fer* et l'*Océan* qui relie entre elles les 5 parties du monde.

2. **Chemins de fer.** — On divise les chemins de fer en 7 grands réseaux qui sont : les réseaux du **Nord**, de **Paris-Lyon-Méditerranée**, de l'**Est**, de l'**Ouest**, d'**Orléans**, du **Midi** et de l'**Etat**.

3. Les premières lignes construites succédèrent à d'anciennes routes et utilisèrent les *passages naturels* : vallées fluviales, seuils peu élevés.

4. C'est pourquoi Paris, placé au sommet du triangle formé par les voies naturelles, devint le *centre* de dispersion des principales lignes.

5. ***Réseau du Nord.*** — Le pays est *riche, très peuplé, peu accidenté* : aussi les lignes sont-elles fort nombreuses. — Les principales sont : 1° la ligne de **Paris à Calais** par Amiens (communications avec l'Angleterre); 2° la ligne de **Paris à Lille** par Amiens et Arras; 3° la ligne de **Paris à Maubeuge** par Saint-Quentin (communications avec l'Allemagne et les pays du nord de l'Europe).

6. ***Réseau de Paris-Lyon-Méditerranée.*** — Ce réseau fait communiquer, par Paris, la *Manche* et la *Méditerranée* : des embranchements se dirigent vers la Suisse et l'Italie. — Les 2 lignes principales sont : 1° la ligne de **Paris à Marseille** par Dijon et Lyon, prolongée jusqu'à Nice par Toulon (seuil de la Côte-d'Or, couloir Saône-Rhône); 2° la ligne de **Paris à Cette** par Nevers, Moulins, Clermont-Ferrand et Nîmes.

Fig. 28. — Port de Marseille : la Joliette.

Correspondance maritime.

Marseille est en rapport : 1° avec l'*Extrême-Orient*; 2° avec l'*Afrique occidentale*; 3° avec les *grands ports européens*, etc.

7. ***Réseau de l'Est.*** — Le réseau de l'Est a une *grande importance militaire*. — Ses deux lignes principales sont : 1° la ligne de **Paris à Avricourt** par Nancy (communications avec l'Allemagne du Sud, Vienne, Constantinople); — 2° la ligne de **Paris à Belfort** par Troyes et Chaumont (communications par Bâle et le Saint-Gothard avec Milan et Gênes).

8. ***Réseau de l'Ouest.*** — Le pays est *peu accidenté* et surtout *agricole*. La ligne la plus importante est celle de **Paris au Havre** par Rouen (communications avec l'Amérique du Nord par les transatlantiques). — Les autres lignes sont celles de **Paris à Cherbourg** par Caen, — de **Paris à Granville**, — de **Paris à Brest** par Chartres, Le Mans et Rennes.

9. ***Réseau d'Orléans.*** — Le grand obstacle est le Massif Central. — Ce réseau comprend 3 grandes lignes : 1° la ligne de **Paris à Saint-Nazaire** par Orléans, Tours, Angers et Nantes (communications avec les Antilles et l'Amérique centrale); — 2° la ligne de **Paris à Bordeaux** par Orléans, Tours et Poitiers (communications avec l'Afrique occidentale et l'Amérique du Sud); — 3° la ligne de **Paris à Toulouse**.

10. ***Réseau du Midi.*** — Il comprend 2 grandes lignes : 1° la ligne de **Bordeaux à Cette** par Toulouse; 2° la ligne de **Bordeaux à Bayonne**. Ces deux lignes communiquent avec l'Espagne.

---

1. Le nombre des députés peut varier à chaque recensement. Chaque arrondissement élit autant de députés qu'il compte de fois 100000 habitants ou fraction de 100000 habitants.

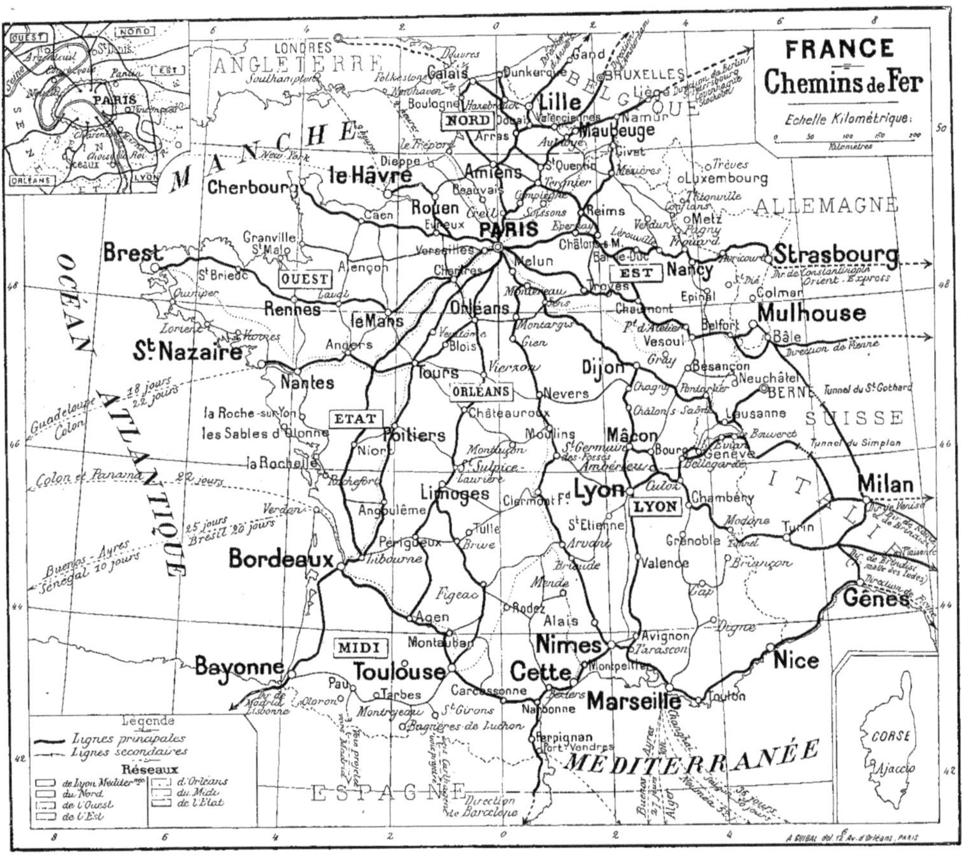

11. ***Réseau de l'Etat.*** — La principale ligne est celle de **Paris à Bordeaux** par Saumur.

12. Remarque. — Les deux réseaux les plus importants sont ceux du *Nord* et de *Paris-Lyon-Méditerranée* : ils emportent beaucoup de marchandises venant de l'Extrême-Orient à destination de l'Angleterre et de la Belgique.

RÉSUMÉ

1. La France a 7 grands réseaux de chemins de fer.

2. Les principales lignes sont :

Pour le *Nord* : de Paris sur : 1° Calais, 2° Maubeuge.

Pour le *Paris-Lyon-Méditerranée* : de Paris sur : 1° Marseille (seuil de la Côte-d'Or, vallée Saône-Rhône); 2° Nîmes (vallée du Loing, Limagne).

Pour l'*Est* : de Paris sur : 1° Avricourt-Strasbourg (vallée de la Marne); 2° Belfort-Mulhouse (vallée de la Seine).

Pour l'*Ouest*[1] : de Paris sur : 1° le Havre ; 2° Cherbourg ; 3° Brest.

[1] Il existe un projet de rachat du réseau de l'Ouest qui augmenterait ainsi le réseau de l'État.

Pour l'*Orléans* : de Paris sur : 1° Nantes et Brest (sud des hauteurs de Bretagne); 2° Bordeaux (seuil du Poitou); 3° Toulouse (plateau du Limousin).

Pour le *Midi* : de Bordeaux sur : 1° Cette (passage de Naurouze); 2° Bayonne.

Pour l'*État* : de Paris sur Bordeaux par Saumur.

Questionnaire et devoirs. — 1. Quel est le centre de dispersion des lignes françaises ? — 2. Quelles sont les principales lignes du Nord ? — 3. Du P.-L.-M. ? — 4. De l'Est ? — 5. De l'Ouest ? — 6. De l'Orléans ? — 7. Du Midi ? — 8. De l'État ? — 9. Quels sont les 2 réseaux les plus importants ?

Cartographie. — Dessiner les chemins de fer unissant Dunkerque et le Havre à Marseille et Turin.

16e LEÇON. — *Voies de communication. — Canaux.*

1. Les chemins de fer ont en partie *supprimé le roulage*; ils n'ont pas nui au *transport par eau* : ce transport est plus lent, mais il convient parfaitement aux *matières lourdes et encombrantes*[1].

2. Pour établir des canaux, on a profité du *faible relief* et des *dépressions* existant entre les hauteurs.

3. Aussi le système des canaux est-il surtout développé dans le *Nord* et le *Nord-Est*. — Là, il y a 3 grands centres d'industrie : **Paris**, le **Nord**, l'**Est** et les **Ardennes**. Les canaux qui relient ces régions industrielles sont de beaucoup *les plus importants*.

4. Tous nos fleuves communiquent par canaux excepté la Loire et la Garonne : le Massif Central est l'*obstacle* qui empêche ces deux cours d'eau de communiquer.

Fig. 29. — Canal de Saint-Quentin.

5. La ***Seine*** communique avec l'*Escaut* et la *Meuse* par le canal de **Saint-Quentin** (canaux de Flandre ou du Nord), le canal de l'**Oise à la Sambre**, le canal de la **Marne à l'Oise** et le canal des **Ardennes** ; — avec le *Rhin* par le canal de la **Marne à l'Oise** et le canal de la **Marne au Rhin** ; — avec le *Rhône* par le canal de la **Marne à la Saône** et le canal de **Bourgogne** (seuil nord de la Côte d'Or) ; — avec la *Loire* par le canal du **Nivernais** et les canaux d'**Orléans**, de **Briare** et du **Loing** (par là le trafic de la Loire supérieure passe à la Seine et va vers Paris).

6. Le ***Rhône*** communique avec le *Rhin* par le canal du **Rhône au Rhin** (Doubs, trouée de Belfort) ; — avec la *Moselle* par le canal de l'**Est** (Saône et seuil de Lorraine) ; — avec la *Seine* par le canal de **Bourgogne** ; — avec la *Loire* par le canal du **Centre** (seuil méridional de la Côte d'Or) ; — avec la *Garonne* par le canal du **Midi** (seuil de Naurouze).

Fig. 30. — Côtes rocheuses de Bretagne.

7. Le canal de **Nantes à Brest** permet d'éviter aux matières lourdes les dangereuses côtes de Bretagne ; il a servi à transporter, au cœur de la péninsule, les amendements qui ont amélioré le sol breton.

8. La France tirerait grand profit d'une bonne voie de navigation de profondeur moyenne qui permettrait aux bateaux de 3 à 4 mètres de tirant d'eau de passer de Marseille à Dunkerque ou au Havre. Ainsi, l'importance que le *percement du Saint-Gothard* a donnée aux ports italiens, allemands, hollandais et belges, au détriment des nôtres, se trouverait contrebalancé avec avantage.

9. De grands travaux sont en projet : doublement du canal de *Saint-Quentin*, canal de l'*Escaut à la Meuse*, canal *latéral à la Loire*, de *Briare à Nantes*, canal de la *Loire à la Garonne* par Poitiers ; — on songe aussi à un canal des *Deux-Mers* (entre l'Océan et la Méditerranée) et à un canal *maritime* qui ferait Paris *port de mer*.

Lecture. — Chemins de fer et canaux. — On sait comment la compagnie des chemins de fer du Midi qui exploite le canal du Languedoc empêche cette voie d'eau de lui faire concurrence : elle élève les prix de transport sur le canal et fait ainsi qu'on y a moins recours.

Pourtant, loin de se nuire, les chemins de fer et les canaux devraient tendre, au contraire, à se compléter, car le rôle des deux moyens de communication est spécial.

Le chemin de fer transporte rapidement ; le canal transporte lentement. Le canal, mieux que le chemin de fer, convient aux matières lourdes et encombrantes ; il permet d'abaisser les frais d'expédition.

Le mieux serait que le canal pût se charger des matières agglomérées en grandes masses : le chemin de fer les apporterait au canal ou irait les y chercher.

Mais une condition devient nécessaire. Les chemins de fer doivent être reliés aux canaux et sur les canaux il importe d'établir des ports qui seront de véritables gares d'eau où les rails viendront aboutir.

RÉSUMÉ

Apprendre les numéros 4, 5, 6 et 7 du texte.

Questionnaire et devoirs. — 1. Les canaux font-ils double emploi avec les chemins de fer ? — 2. Quels sont les canaux les plus importants ? — 3. Comment la Seine communique-t-elle avec les autres fleuves ? — 4. Comment le Rhône communique-t-il avec les autres fleuves ? — 5. Quelle est l'utilité du canal de Nantes à Brest ?

CARTOGRAPHIE. — Dessiner les canaux mettant en relation les centres de Paris, du Nord, de l'Est et des Ardennes.

17e LEÇON. — *Défense militaire.*

(Carte, p. 39).

1. Pour protéger le territoire français et ses richesses, l'État dispose d'une *armée de terre* et d'une *flotte*.

2. L'armée est répartie en *20 corps* occupant chacun une partie déterminée du territoire français ; le 19e corps est établi en *Algérie-Tunisie*.

3. Les côtes sont divisées en *5 arrondissements maritimes* qui ont pour chefs-lieux nos 5 ports militaires : *Cherbourg*, **Brest**, *Lorient*, *Rochefort* et **Toulon**.

Fig. 31. — Rade de Brest.

Cherbourg commande le littoral depuis la Belgique jusqu'à la baie de Saint-Germain (en face de Jersey) ; — Brest, de la baie de Saint-Germain à l'île Penfret ; — Lorient, de l'île Penfret à la baie de Bourgneuf ; — Rochefort, de la baie de Bourgneuf à l'Espagne ; — Toulon, toute notre côte méditerranéenne (Corse comprise).

4. Les frontières de la France sont protégées soit par des *chaînes de montagnes*, soit par des *places fortes* que l'on a généralement construites pour défendre les cols, les vallées des fleuves et des rivières qui franchissent nos frontières. Les plus importantes des places fortes sont :

1° Au nord-est : *Lille*, Valenciennes, Maubeuge, Givet, Mézières, *Verdun*, *Toul*[1] et *Épinal*,

---

1. Les laines vont, par canaux, de Dunkerque à Roanne ; le coton va du Havre dans les Vosges ; la houille nous vient de même de Belgique et du Nord. L'ardoise, les marbres, les pierres à bâtir, le plâtre, etc., sont les principales marchandises lourdes et encombrantes qui suivent les canaux et les cours d'eau navigables.

1. Nancy, situé en avant de Toul, est une ville ouverte. En cas de guerre, il serait sans doute occupé tout de suite par l'envahisseur. Mais cet événement *prévu ne constituerait aucunement pour nous une défaite*.

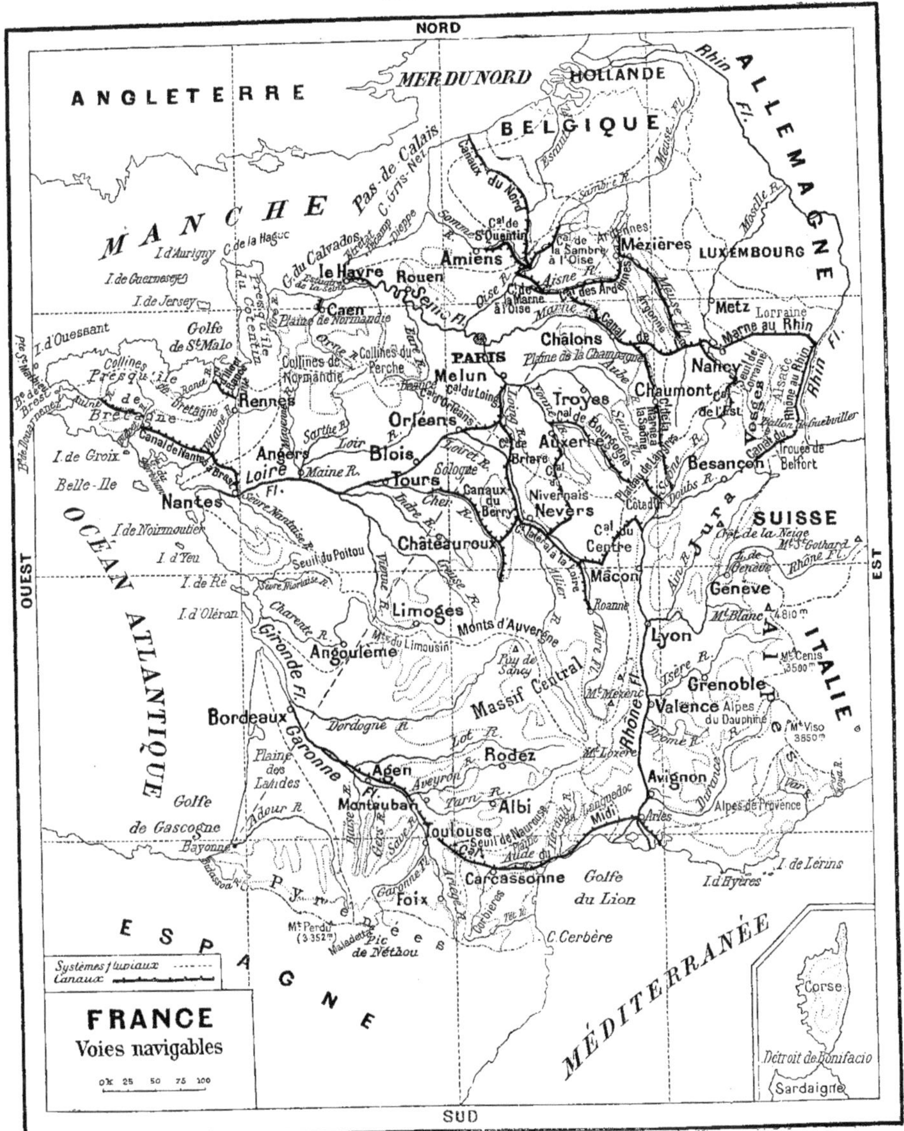
NORD
SUD
OUEST
EST
ANGLETERRE
MER DU NORD
HOLLANDE
BELGIQUE
ALLEMAGNE
LUXEMBOURG
SUISSE
ITALIE
ESPAGNE
MANCHE
OCÉAN ATLANTIQUE
MÉDITERRANÉE
Pas-de-Calais
C. Gris-Nez
Dieppe
Fécamp
G. du Calvados
C. de la Hague
I. d'Aurigny
I. de Guernesey
I. de Jersey
Presqu'île du Cotentin
Golfe de St Malo
I. d'Ouessant
Presqu'île de Bretagne
I. de Groix
Belle-Ile
I. de Noirmoutier
I. d'Yeu
I. de Ré
I. d'Oléron
Golfe de Gascogne
Bayonne
le Havre
Rouen
Caen
Plaine de Normandie
Collines de Normandie
Collines du Perche
Rennes
Canal de Nantes à Brest
Angers
Loire Fl.
Maine R.
Nantes
Seuil du Poitou
Sarthe R.
Loir R.
Orléans
Blois
Tours
Sologne
Canaux du Berry
Cher R.
Indre R.
Châteauroux
Vienne R.
Creuse R.
Limoges
Charente R.
Angoulême
Gironde Fl.
Bordeaux
Dordogne R.
Garonne Fl.
Plaine des Landes
Adour R.
Agen
Montauban
Toulouse
Seuil de Naurouse
Carcassonne
Foix
Mt Perdu (3 352m)
Maladetta
Pic de Néthou
Pyrénées
Golfe du Lion
C. Cerbère
Amiens
Somme R.
Cal de St Quentin
Canaux du Nord
Cal de la Sambre à l'Oise
Oise R.
Aisne R.
Cal des Ardennes
Mézières
Meuse Fl.
Moselle R.
Metz
Lorraine
Marne au Rhin
Rhin Fl.
PARIS
Seine Fl.
Marne R.
Châlons
Plaine de la Champagne
Melun
Cal du Loing
Troyes
Aube R.
Yonne R.
Cal de Bourgogne
Auxerre
Briare
Cal du Nivernais
Nevers
Cal du Centre
Cal latéral à la Loire
Allier R.
Roanne
Mâcon
Chaumont
Nancy
Cal de l'Est
Vosges
Alsace
Rhône au Rhin
Trouée de Belfort
Besançon
Doubs R.
Saône R.
Jura
Crêt de la Neige
Mt St Gothard
Rhône Fl.
Genève
Mt Blanc 4810m
Lyon
Ain R.
Isère R.
Mt Cenis 3560m
Grenoble
Valence
Alpes du Dauphiné
Mt Viso 3850m
Alpes
Drôme R.
Durance R.
Avignon
Alpes de Provence
Arles
Midi
Languedoc
Mt Mézenc
Mt Lozère
Monts d'Auvergne
Puy de Sancy
Massif Central
Mts du Limousin
Lot R.
Rodez
Aveyron R.
Tarn R.
Albi
Aude
I. de Lérins
I. d'Hyères
Corse
Détroit de Bonifacio
Sardaigne
Systèmes fluviaux
Canaux
FRANCE
Voies navigables
0k 25 50 75 100

qui forment une première ligne de défense ; — la Fère, Laon, Reims, Langres et Dijon qui forment une deuxième ligne de défense.

2° A l'est : *Belfort, Besançon, Lyon, Grenoble*, Briançon ;

3° Au sud : Nice, *Toulon*, Port-Vendres, Perpignan, Bayonne : ces deux dernières défendent les extrémités des Pyrénées, *seuls endroits franchissables*.

5. Sur le littoral de l'Atlantique et de la Manche : *Rochefort, Lorient, Brest, Cherbourg*, le Havre, Boulogne, Calais et *Dunkerque* sont défendus par un certain nombre de forts qui protègent les côtes.

6. En arrière, **Paris**, qui forme un formidable camp retranché, est le centre de la défense nationale.

RÉSUMÉ

1. La France est divisée en *20 corps d'armée* et en *5 arrondissements maritimes*.

2. Le littoral est défendu par les navires des ports militaires de *Cherbourg*, **Brest**, *Lorient, Rochefort* et **Toulon**.

3. Les frontières de terre sont protégées par les places fortes de Dunkerque. *Lille*, Maubeuge, *Verdun, Toul, Épinal. Belfort, Grenoble*.

4. En arrière se trouvent : Laon. Reims. Dijon, *Lyon* et enfin ***Paris***.

Questionnaire et devoirs. — 1. Comment la France est-elle divisée au point de vue militaire ? — 2. Nommez les ports de guerre. — 3. Quelles sont les défenses de première ligne ? — 4. De deuxième ligne ?

CARTOGRAPHIE. — Dessiner une carte de France, indiquer les places fortes et les ports de guerre.

III. — ÉTUDE DE LA FRANCE PAR RÉGIONS

INTRODUCTION

Les régions françaises.

1. La *constitution géologique*, le *relief* et le *climat* permettent de diviser la France en 11 **régions naturelles**.

2. Les régions de *massifs anciens* sont : 1° la **région armoricaine** ou de l'Ouest (Bretagne-Vendée) ; — 2° la **région du Massif Central** ; — 3° la **région du Nord-Est**.

3. Les régions de *massifs récents* sont : 1° la **région des Pyrénées** ; — 2° la **région des Alpes** ; — 3° la **région du Jura**.

4. Les régions de *plaines et bassins* sont : 1° la **région du Nord** ; — 2° la **région du Bassin Parisien** que l'on peut subdiviser en 3 parties (*partie occidentale* : humide ; — *partie orientale* : crêtes concentriques de la cuvette parisienne ; — *partie méridionale* : drainée par la Loire) ; — 3° la **région du Bassin Aquitain** ; — 4° la **région de la plaine de la Saône et de la vallée du Rhône**.

5. Enfin, une région est déterminée par le *climat spécial* de la Méditerranée : c'est la **région méditerranéenne** à laquelle se rattache la Corse.

1. — RÉGION DU MASSIF CENTRAL

1re LEÇON. — *Géographie physique*.

(Carte, p. 42).

1. Aperçu géologique. — Cette région est une *ancienne île* de la fin de l'époque primaire que le plissement alpin a relevée sur son bord oriental et que les éruptions volcaniques ont restaurée. Pénétré par les deux *plaines alluviales* de la Limagne et du Forez, le Massif Central se prolonge vers le nord, au delà de la Loire, par le Morvan.

2. Relief. — Séparée de la région de l'Ouest par le *seuil du Poitou*, des Pyrénées par le *seuil de Naurouze*, des Alpes par la *vallée de la Saône et du Rhône*, des collines du Bassin Parisien par le *seuil de la Côte d'Or*, la **région du Massif Central** s'appuie à l'est sur les Cévennes.

Trois portions de hautes terres se détachent des Cévennes. Ce sont : 1° les monts du *Vivarais*, du *Beaujolais* et du *Charolais* ; — 2° les monts du *Velay* et du *Forez* ; — 3° les monts de la *Margeride* et les monts d'*Auvergne*, anciens volcans éteints où se trouvent les plus hauts sommets du Massif (Monts Dore : *Puy de Sancy*, 1 886 mètres ; *Puy-de-Dôme*, etc., etc.).

Ces hautes terres ont des prolongements : 1° à l'ouest, les monts du *Limousin* ; — 2° au sud, les *Causses* partagés en deux tronçons par les ségalas (terres à seigle). Les Causses sont calcaires et se laissent raviner profondément par les affluents de la Garonne.

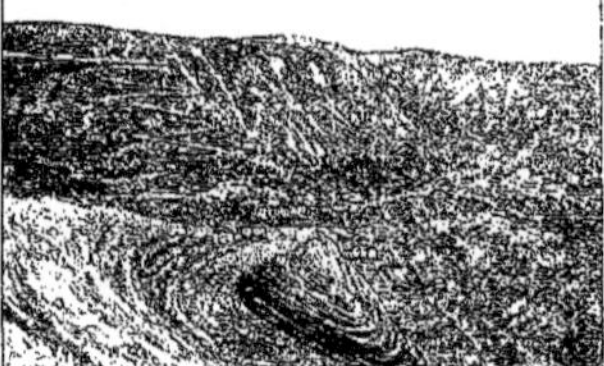

FIG. 32. — Navacelle (Causse du Larzac).

Entre les prolongements des Cévennes et les monts du Forez s'étend la *plaine du Forez* (Loire) : entre les monts du Forez et les monts d'Auvergne se développe la fertile *Limagne* (Allier).

3. Climat. — Le climat est *rigoureux*, excepté dans les vallées. Les vents soufflent violents et humides ; les pluies sont fréquentes et abondantes sur les plateaux du Limousin, les monts d'Auvergne, les monts du Vivarais et les Cévennes : de là rayonnent de nombreuses rivières.

4. Eaux douces. — De même que les Alpes sont le « *château d'eau de l'Europe* », le Massif Central est, en effet, le « *château d'eau de la France* ».

a) Vers le système de la **Loire** coulent : la **Loire** elle-même sortie du mont Gerbier des Joncs et qui traverse une série de bassins, anciens lacs qu'elle a vidés ; — l'*Allier* (Vichy, Moulins)[1] ; — le *Cher* ; — l'*Indre* ; — la *Vienne* (Limoges) grossie de la Creuse.

b) La *Charente* se jette directement dans l'Atlantique.

c) Vers la **Garonne** se dirigent : le *Tarn* grossi de l'Aveyron ; — le *Lot* (Mende) ; — la *Dordogne* et ses affluents.

d) L'*Ardèche* et le *Gard* (Alais) vont dans le Rhône.

e) L'*Hérault* se jette directement dans la Méditerranée.

f) Enfin le Morvan envoie à la Seine l'*Yonne*, l'unique « *enfant terrible* » du fleuve parisien.

RÉSUMÉ

1. La région du Massif Central est une *ancienne île primaire*.

2. Elle s'appuie à l'est sur les Cévennes d'où partent trois lignes de hauteurs : 1° les monts du *Vivarais*, du *Beaujolais* et du *Charolais* ; 2° les monts du *Velay* et du *Forez* : 3° les monts de la *Margeride* et les monts d'*Auvergne* (volcans éteints). Les prolongements du massif sont : le *Morvan*, les monts du *Limousin* et les *Causses*. — La

1. Les villes arrosées par les cours d'eau sont indiquées entre parenthèses.

Procédé cartographique

A a M c B
e f
m n
g h
C b N d D

1. Reproduire d'abord le quadrillé de 16 divisions que porte la carte et imiter ensuite le tracé. — 2. Si la carte à dessiner ne porte *aucun quadrillé*, c'est-à-dire s'il n'y a que les méridiens et les parallèles, on tracera au crayon les deux axes MN, *mn*. On déterminera le milieu *a* de AM et ainsi de suite. En joignant ces points 2 à 2, la carte est ainsi divisée en 16 *rectangles* ou 16 carrés. On fait de même sur la feuille du cahier de l'élève et il ne reste plus qu'à imiter le tracé.

Nota. — Un moyen commode pour diviser les côtés en 4 parties égales consiste à prendre une bande de papier de même longueur que le côté à diviser ; on plie la bande en deux, puis encore en deux et on porte ces points de division sur la carte de l'élève.

Un crayon bleu et un crayon bistre suffisent à l'élève. — Tracer au crayon noir : les côtes, les fleuves et les rivières, puis les contours des massifs montagneux. Pour la figuration de ces massifs, la présence des cours d'eau sera un guide excellent. — Comme on indiquera les montagnes par des *masses* sur les cartes physiques, une fois les contours délimités, il n'y aura plus qu'à teinter en bistre. — Quant aux côtes et aux rivières, on les repassera au crayon bleu.

Pour terminer, on marquera à l'encre : 1°) la direction des montagnes par un trait ; 2°) la place des sommets et des villes.

Limagne et le Forez sont deux plaines qui, au nord, relient la région au Bassin Parisien.

3. Le climat est *rigoureux*, excepté dans les vallées ; les *pluies sont abondantes* sur les plateaux du Limousin, les monts d'Auvergne et les Cévennes.

4. Aussi les eaux ruissellent de toutes parts sur le sol granitique : 1° vers la ***Loire*** vont : l'*Allier*, le *Cher*, l'*Indre*, la *Vienne* grossie de la Creuse ; — 2° vers la ***Garonne***, le *Tarn* grossi de l'Aveyron, le *Lot*, la *Dordogne* et ses affluents ; — 3° vers le ***Rhône***, l'*Ardèche* et le *Gard* ; — 4° vers la ***Seine***, l'*Yonne*. — La *Charente* se jette dans l'Océan et l'*Hérault* dans la Méditerranée.

C'est à cause de ces nombreuses rivières divergentes qu'on a pu appeler le Massif Central « le château d'eau de la France ».

Questionnaire et devoirs. — 1. Qu'est géologiquement la région du Massif Central ? — 2. Quel est le relief du Massif Central ? — 3. Que savez-vous sur le climat ? — 4. Où vont les eaux du Massif Central ?

Cartographie. — Dessiner la région du Massif Central : relief, cours d'eau.

2e LEÇON.

Géographie humaine.

(Carte, p. 42).

1. Géographie économique. — Dans la région du Massif Central, si l'on excepte quelques vallées alluviales et abritées, le sol est dur et réfractaire. En général, l'agriculture est pauvre, bien qu'on se livre à l'**élevage** (*bœufs* de

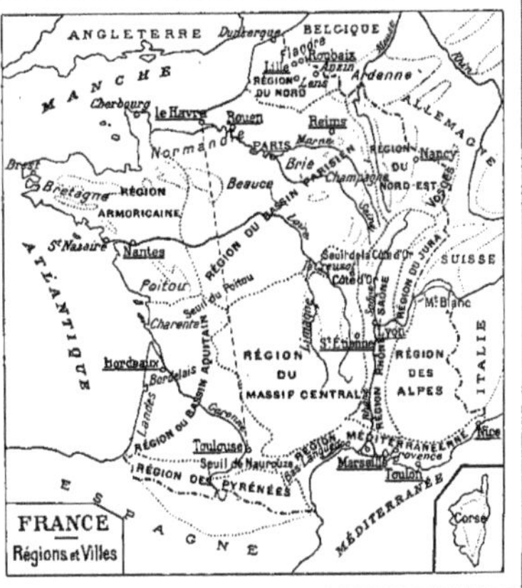

Salers et du Charolais, *chevaux* du Limousin, *moutons* des Causses) et que la Limagne soit une *riche terre à blé*.

Fig. 33. — Labourage en Charolais

2. Heureusement le sous-sol corrige le sol. Sur le pourtour du Massif, on trouve la **houille** et le **fer** aux environs du *Creusot*, de *Saint-Étienne*, d'*Alais* et de *Decazeville*. Aussi l'industrie s'est-elle développée dans la région du Morvan, dans la région lyonnaise et dans la région du Sud-Est.

Néanmoins, à cause de la rudesse du climat et de la pauvreté du pays, beaucoup d'*Auvergnats* et de *Limousins* émigrent *vers la plaine et vers Paris*.

3. Villes. — Presque toutes les villes de quelque importance se trouvent sur le pourtour du Massif : le **Creusot** (31)[1] : *métallurgie* ; — **Saint-Étienne** : *métallurgie, rubans de soie* (146000 h.); **Roanne** (45) : cotonnades ; — **Limoges** (88) : *porcelaines* ; — Montluçon (34) : *métallurgie* ; — Commentry : *forges* ; — Aubusson : *tapis* ; — Alais (27) : *métallurgie, soies*.

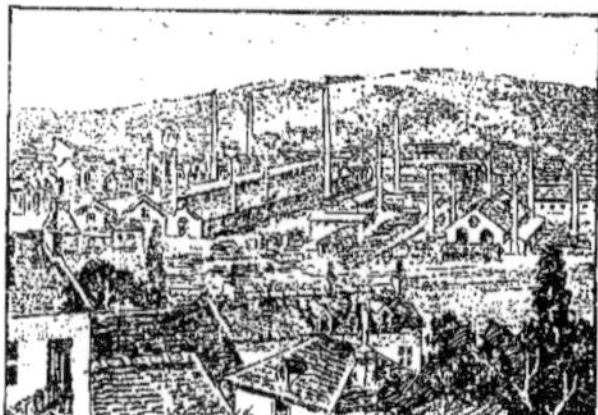

Fig. 34. — Le Creusot.

Au centre, on ne peut guère citer que **Clermont-Ferrand** (58), le marché de la *Limagne*, — et Vichy : *eaux minérales*.

4. Communications. — Les communications ont été assez difficiles à établir, bien que les vallées et les dépressions aient été utilisées. Le *canal du Centre* emprunte la dépression qui longe le sud de la Côte d'Or ; le chemin de fer de *Paris à Nîmes par Clermont* emprunte le couloir de la Limagne et le chemin de fer de *Paris à Toulouse*, les vallées et les plateaux du Limousin.

5. Provinces et départements. — La région du Massif Central comprend le **Bourbonnais**, cap. *Moulins* ; la **Marche**, cap. *Guéret* ; le **Limousin**, cap. *Limoges* ; l'**Auvergne**, cap. *Clermont-Ferrand*, une partie du **Nivernais**, de la **Bourgogne**, du **Lyonnais**, du **Languedoc** et de la **Guyenne**.

6. Les départements formés, et qui ont leur chef-lieu dans la région, sont :

L'*Allier*, chef-lieu Moulins[1] ; — la *Creuse*, chef-lieu Guéret ; — la *Haute-Vienne*, chef-lieu Limoges ; — la *Corrèze*, chef-lieu Tulle ; — le *Puy-de-Dôme*, chef-lieu Clermont-Ferrand ; — le *Cantal*, chef-lieu Aurillac ; — la *Loire*, chef-lieu Saint-Étienne ; — la *Haute-Loire*, chef-lieu le Puy ; — l'*Ardèche*, chef-lieu Privas ; — la *Lozère*, chef-lieu Mende ; — l'*Aveyron*, chef-lieu Rodez. (Carte p. 63.)

Fig. 35. — Village du Rouergue (Aveyron).

RÉSUMÉ

1. Dans le Massif Central l'agriculture est pauvre, bien qu'on s'y livre à *l'élevage*. Mais, à cause de la présence de la *houille* et du *fer* sur le pourtour du Massif Central, l'industrie est active dans les groupes industriels du *Morvan*, du *Lyonnais* et du *Sud-Est*.

2. Les villes (***Saint-Étienne***, le ***Creusot, Alais, Limoges***) sont situées autour du Massif. Les villes de l'intérieur sont : ***Clermont*** et ***Vichy***.

3. Les communications présentent des difficultés ; les habitants émigrent.

4. (Chefs-lieux des départements indiqués ci-dessus.)

Questionnaire et devoirs. — 1. Esquissez la géographie économique du Massif Central. — 2. Où sont situées les villes importantes et quelles sont-elles ? — 3. Nommez les départements formés des provinces du Massif Central, avec leurs chefs-lieux.

Cartographie. — Carte économique et politique du Massif Central.

1. La population des villes est indiquée en milliers d'habitants. Ex. : Le *Creusot* (31 000 hab.).

1. Nous ne saurions trop recommander de renoncer définitivement à étudier l'interminable litanie des sous-préfectures dont les deux tiers au moins sont des villes sans importance générale ; d'ailleurs la plupart des examinateurs aux examens du certificat d'études renoncent à en exiger la connaissance. — Nous en donnons néanmoins le tableau à titre de renseignement (voir page 63).

2. — RÉGION DU BASSIN PARISIEN

(Carte, p. 45).

Vue d'ensemble. — Si le Massif Central a pu être appelé le « *pôle répulsif* » de la France, le **Bassin Parisien** en est bien le « *pôle attractif* ».

On entend par **Bassin Parisien**, l'emplacement de l'ancien golfe secondaire que limitaient les *Ardennes*, les *Vosges*, le *Massif Central* et le *Massif armoricain*.

Pour l'étude, on peut diviser le Bassin Parisien en 3 parties : 1° la *partie orientale* où la forme en cuvette est très prononcée (Champagne et Ile-de-France) : — 2° la *partie occidentale*, très humide (Normandie) ; — 3° la *partie méridionale* : plaines arrosées par la Loire.

1re LEÇON. — *Partie orientale. — Géographie physique.*

1. Relief. — Les anciens rivages successifs du golfe parisien forment un amphithéâtre de six demi-cercles de hauteurs concentriques descendant de l'est vers **Paris**, qui occupe le *fond de la cuvette*. — Ce sont : 1° les *côtes de Moselle et le plateau de Langres* ; — 2° les *côtes de Meuse* ; — 3° les *collines de la rive gauche de la Meuse* ; — 4° l'*Argonne et ses prolongements* (ligne des Bars) ; — 5° les *hauteurs de la Champagne pouilleuse*, du *Pays d'Othe et les collines du Nivernais* : — 6° la

Fig. 36. — La Marne et les coteaux de Champigny.

falaise de l'Ile-de-France et les *hauteurs de Laon et de Reims*.

A l'est de l'Argonne se développe la *Lorraine* (région du Nord-Est) ; entre la quatrième et la cinquième ligne de hauteurs s'étend la *Champagne humide* (sol argileux) ; à l'ouest de la cinquième, la *Champagne pouilleuse* (craie) ; enfin, la dernière ligne domine les plaines de la *Brie et de l'Ile-de-France*. Cette plaine de Brie annonce déjà la *Beauce* (anciens lacs tertiaires) par l'uniformité de son niveau.

Au nord-ouest se trouvent les collines de *Bray* et les hautes terres de *Picardie*.

2. Climat. — Le climat est tempéré. La partie orientale du Bassin Parisien, déjà éloignée de la mer, est relativement *pauvre en pluie*, surtout dans la Champagne pouilleuse.

3. Eaux courantes. — Le pays est arrosé par la **Seine** (Troyes, Melun, Paris) et ses affluents : le *Loing*, l'*Yonne* issue du Morvan (Auxerre), l'*Aube*, la *Marne* (Châlons) et l'*Oise* grossie de l'Aisne.

Toutes ces rivières, l'Yonne exceptée, prennent leur source dans des collines calcaires, traversent des terrains perméables, ont un *cours paisible* et sont propres à la navigation. Elles coulent parallèlement et convergent vers Paris. Pour atteindre le fond de la cuvette parisienne, la Seine et ses affluents doivent couper ou contourner les lignes de hauteurs concentriques qui forment le relief de la région.

RÉSUMÉ

1. La partie ***orientale du Bassin Parisien*** est ondulée de hauteurs concentriques, anciens rivages du *golfe de l'époque secondaire*, qui de l'est descendent vers Paris. — Les principales sont : les *côtes de Moselle* et le *plateau de Langres*, les *côtes de Meuse*, l'*Argonne*, les *falaises de l'Ile-de-France*.

2. Le *climat est tempéré* ; les pluies sont relativement peu abondantes.

3. La ***Seine*** est le fleuve de la *cuvette parisienne* ; elle y reçoit à droite, l'*Aube*, la *Marne* et l'*Oise* grossie de l'Aisne ; — à gauche, l'*Yonne* qui vient du Morvan et le *Loing*.

Questionnaire et devoirs. — 1. Qu'est-ce que le Bassin Parisien ? — 2. Quel est le relief de la partie orientale ? — 3. Parlez du climat. — 4. Quels sont les cours d'eau ?

CARTOGRAPHIE. — Carte physique du Bassin Parisien : relief, cours d'eau.

2e LEÇON. — *Géographie humaine.*

(Carte, page 44.)

1. La région est *industrielle* et *agricole*.

Agricole, elle contribue, avec la Normandie et les plaines de la Loire, à l'*alimentation de Paris*. **La Champagne**, où le calcaire domine, est renommée pour les *vins* et l'*industrie* de la *laine* (moutons) ; la **Brie**, argileuse et couverte d'un limon fertile, la **Beauce**, ancien fond lacustre, produisent du *blé*. — *Autour de Paris*, on se livre à la *culture maraîchère* ; dans le nord de l'Ile-de-France, on cultive la *betterave*.

Paris, point central de chemins de fer, de rivières et de canaux, est *le plus grand port de France*. Dans les environs, les *industries métallurgiques* et *chimiques* sont très prospères.

Fig. 37. — Paris : la Cité et Notre-Dame.

Localités industrielles autour de Paris. — *Saint-Denis* (64) ; — *Levallois-Perret* (61) ; — *Reims* (109), fabrication importante de flanelles et de draps, grand commerce de vins de Champagne ; — *Troyes* (53), bonneterie ; — *Versailles* (54), ancienne résidence des rois de France.

3. Provinces et départements. — La partie orientale du Bassin Parisien comprend : la plus grande partie de l'**Ile-de-France**, capitale *Paris*, et de la **Champagne**, capitale *Troyes* ; une partie de la **Bourgogne** et de l'**Orléanais**.

4. Les départements formés, et qui ont leur chef-lieu dans la région, sont : l'*Aisne*, chef-lieu Laon ; — la *Seine-et-Oise*, chef-lieu Versailles ; — la *Seine*, chef-lieu Paris ; — la *Seine-et-Marne*, chef-lieu Melun ; — la *Marne*, chef-lieu Châlons-sur-Marne ; — l'*Aube*, chef-lieu Troyes ; — la *Haute-Marne*, chef-lieu Chaumont ; — l'*Yonne*, chef-lieu Auxerre ; — l'*Eure-et-Loir*, chef-lieu Chartres. (Carte p. 63.)

RÉSUMÉ

1. La région est *industrielle et agricole*. La *Champagne* est un pays de *vignobles*, la ***Beauce*** et la ***Brie*** sont des *terres à blé* ; dans le nord de l'Ile-de-France, on cultive la *betterave*. — ***Paris*** est le centre d'un *groupe industriel important*.

2. Les principales villes sont : ***PARIS*** (2722000 h.), capitale de la France ; — ***Reims*** : vins de Champagne, lainages ; — ***Troyes*** : bonneterie.

3. (Chefs-lieux des départements indiqués ci-dessus.)

Questionnaire et devoirs. — 1. Quelles sont les productions de la partie orientale du Bassin Parisien ? — 2. Quel est le grand centre industriel ? — 3. Quelles sont les villes importantes ?

CARTOGRAPHIE. — Carte économique et politique de la partie orientale du Bassin Parisien.

Le fond de la cuvette du Bassin Parisien : le département de la Seine[1].

Paris : population, étendue. — Paris, sur la Seine est, *après Londres*, la ville la plus importante de l'Europe pour la population : au recensement de 1906 on y a compté 2722731 habitants, en augmentation de 62000 habitants sur le recensement de 1901. La ville occupe une superficie de *78 kilomètres carrés*, sa population est le *quatorzième* de celle de la France entière.

Historique. — Paris à l'époque romaine s'appelait *Lutèce* ; la ville à cette époque était renfermée dans l'*île de la Cité* et l'*île Saint-Louis*. Sous Louis XIV, elle atteignait les grands boulevards où le roi fit élever les portes *Saint-Martin* et *Saint-Denis*. Au milieu du XIXe siècle elle atteignait la ceinture actuelle. La ceinture fortifiée qui entoure Paris est appelée à disparaître et les cités-faubourgs environnantes viendront encore accroître l'importance de la grande ville.

Situation. — Paris occupe le *fond de la cuvette du Bassin Parisien* ; il doit sa prospérité à la situation géographique privilégiée qu'il occupe à la jonction des vallées naturelles de la **Seine**, de la *Marne* et de l'*Oise*.

Climat. — L'hiver à Paris est *brumeux et non froid* ; il y a en cette saison une température moyenne de 3° 3'. — Les extrêmes de température oscillent entre — 24 degrés et + 39 degrés, mais ce sont des rares phénomènes. — Les pluies se répartissent en moyenne entre 170 jours de l'année ; elles tombent principalement en été et en automne, le plus souvent fines et prolongées (hauteur moyenne : 593 mm, 9).

Un tel climat convient aux *travaux agricoles*.

Cultures. — De plus, comme le sol de la région parisienne est *d'une grande fertilité*, la culture *maraîchère* très prospère pourvoit en partie à l'alimentation journalière de Paris.

Industrie. — L'industrie est très active à Paris et aux environs ; elle présente une variété prodigieuse d'articles et en particulier les *articles de luxe*, *bijoux*, *meubles d'art*, *confections*, *machines* de toutes sortes. L'ouvrier parisien s'est acquis une renommée universelle pour le goût et le fini qu'il apporte dans son travail.

Commerce, voies de communication. — Au point de vue commercial, Paris est en relations suivies et fréquentes avec *tous les grands centres français et étrangers* grâce à ses nombreuses lignes de chemins de fer (6 réseaux sur 7 ont une ou deux gares à Paris). Les trois canaux de l'*Ourcq*, *Saint-Martin* et *Saint-Denis* qui aboutissent au *bassin de la Villette*, grand port intérieur, et les cours d'eau navigables du système

1. Nous ne numérotons pas cette leçon qui est comme le complément de la précédente. — Dans les écoles du département de la Seine, elle servira pour l'étude de la géographie locale.

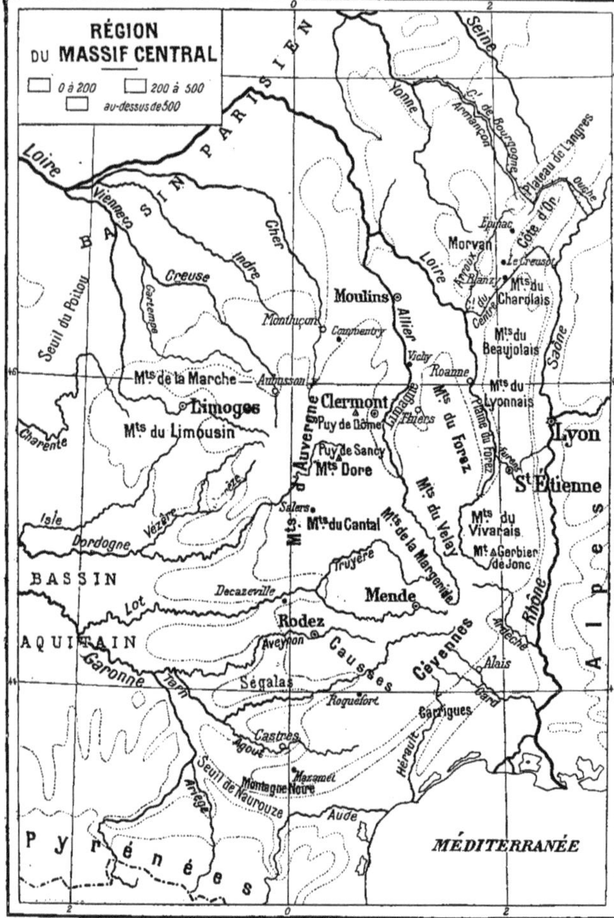

de la Seine amènent dans la capitale des marchandises lourdes et encombrantes venant en grande partie du nord de la France.

On compte à Paris 2315 rues, 82 boulevards, 115 avenues.

Leur longueur totale dépasse *823 kilomètres*.

Le *chemin de fer de ceinture*, le réseau du *métropolitain*, les *tramways* et les *omnibus* sillonnent Paris dans tous les sens et transportent journellement des millions de voyageurs au moyen de lignes souterraines ou à travers les rues de la *Ville lumière*[1].

Paris capitale. — Paris, capitale de la France, est le siège du gouvernement ; c'est la résidence du *chef de l'État*, des *Ministres*, du *Parlement* (Sénat et Chambre des députés). C'est la plus belle ville du monde et le foyer le plus actif au point de vue littéraire, scientifique et artistique.

1. Chaque année, les trains partant des gares parisiennes (la Ceinture exceptée) emmènent près de 50 millions de voyageurs ; les arrivées accusent sensiblement le même chiffre.

Fig. 38. — École parisienne (rue Saint-Maur).

On y trouve des monuments qui caractérisent l'architecture des différentes époques : les *Thermes* (musée de Cluny), *Saint-Germain-des-Prés*, la *Sainte-Chapelle*, *Notre-Dame*, le *Louvre*, les *Invalides*, le *Panthéon*, l'*Opéra*.

Fig. 39. — L'Opéra.

Divisions administratives du département de la Seine. — La banlieue de Paris est divisée en 2 arrondissements : **Saint-Denis** au nord et **Sceaux** au sud.

L'arrondissement de Saint-Denis est divisé en *13 cantons* renfermant *34 communes* tandis que l'arrondissement de Sceaux comprend *9 cantons*, soit *42 communes* : l'ensemble donne **22** cantons et 76 communes (77 avec Paris).

Ces deux arrondissements ne sont pas administrés par un sous-préfet comme les autres arron-

Fig. 40. — Le Métropolitain (station d'Allemagne).

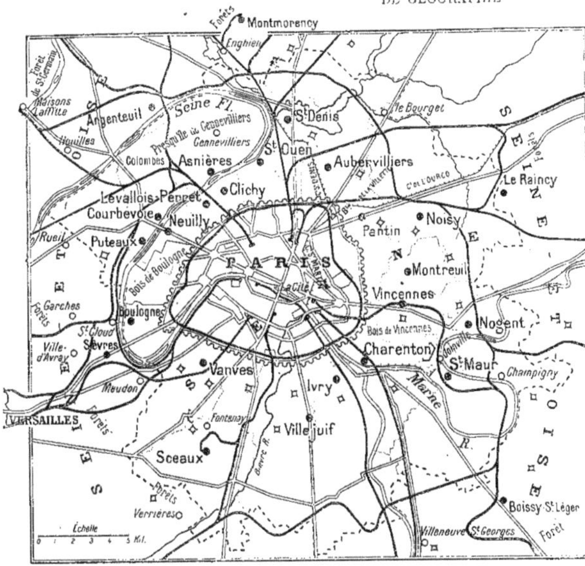

Département de la Seine.

dissements de France ; c'est un *Directeur des affaires départementales* qui est chargé des rapports entre la Préfecture et les communes.

Le Conseil d'arrondissement. — Un conseil d'arrondissement élu fait la répartition des impôts entre les communes.

Le Conseil général, la justice de paix. — Chaque canton élit un *conseiller général* pour le représenter à l'Assemblée départementale.

Au point de vue judiciaire, il y a un juge de paix par canton.

Le Conseil municipal de Paris. — Paris est divisé en *20 arrondissements municipaux*[1] ayant chacun 4 quartiers. Le quartier élit un *conseiller municipal* qui est en même temps conseiller général. Il y a de ce fait 80 conseillers municipaux ou généraux pour Paris et 22 conseillers généraux pour la banlieue, soit au total 102 conseillers généraux pour le département de la Seine.

Préfecture de la Seine et Préfecture de police. — Deux préfets nommés par le gouvernement se partagent à Paris les attributions d'un

1. *Liste des arrondissements.* — 1. Louvre. 2. Bourse. 3. Temple. 4. Hôtel-de-Ville. 5. Panthéon. 6. Luxembourg. 7. Palais-Bourbon. 8. Elysée. 9. Opéra. 10. Enclos Saint-Laurent. 11. Popincourt. 12. Reuilly. 13. Gobelins. 14. Observatoire. 15. Vaugirard. 16. Passy. 17. Batignolles-Monceau. 18. Butte Montmartre. 19. Buttes Chaumont. 20. Ménilmontant-Père-Lachaise.

Fig. 41. — L'Hôtel de ville de Paris.

maire : le Préfet de la Seine est chargé de toute la partie *administrative* et le Préfet de police s'occupe du *maintien de l'ordre*.

Fig. 42. — La place de la Concorde.

Fig. 43. — L'Arc de triomphe de l'Étoile.

Le Préfet de la Seine est assisté d'un *Conseil de Préfecture* qui juge en matière administrative.

Banlieue de Paris. — **Saint-Denis** (64 700 habitants) : sépulture des rois de France ; usines industrielles ; pépinières.

Cantons rattachés à Saint-Denis. — **Boulogne** (49 900 habitants) : bois très fréquenté, blanchisseries. **Neuilly** (41 100 habitants). **Levallois-Perret** (61 900 habitants) : produits chimiques. **Puteaux** (29 100 habitants) : usines. **Courbevoie** (31 100 habitants). **Colombes** (29 100 habitants). **Asnières** (36 400 habitants). **Clichy** (41 700 habitants). **Saint-Ouen** (37 800 habitants) : grandes usines. **Aubervilliers** (34 000 habitants). produits chimiques, machines. **Pantin** (32 600 habitants). **Noisy-le-Sec** (10 800 habitants).

« De loin, cette plaine de Saint-Denis, hérissée de hautes cheminées, voilée de nuages persistants même aux plus beaux jours, a pris l'aspect d'une ville du Yorkshire anglais[1] ».

Nota. — L'arrondissement de Saint-Denis s'est accru de 77 900 habitants en 5 ans.

Sceaux (4 800 habitants).

Cantons rattachés à Sceaux. — **Vincennes** (34 100 habitants) : donjon historique ; bois très fréquenté. **Montreuil** (35 900 habitants) : pêches renommées. **Charenton** (18 300 habitants). **Nogent-sur-Marne** (11 700 habitants). **Saint-Maur** (28 200 habitants). **Villejuif** (6 600 habitants). **Ivry**

Fig. 44. — Saint-Cloud : l'École normale supérieure.

1. *L. Bougier.* — *Géographie de la France, F. Alcan, éditeur.*

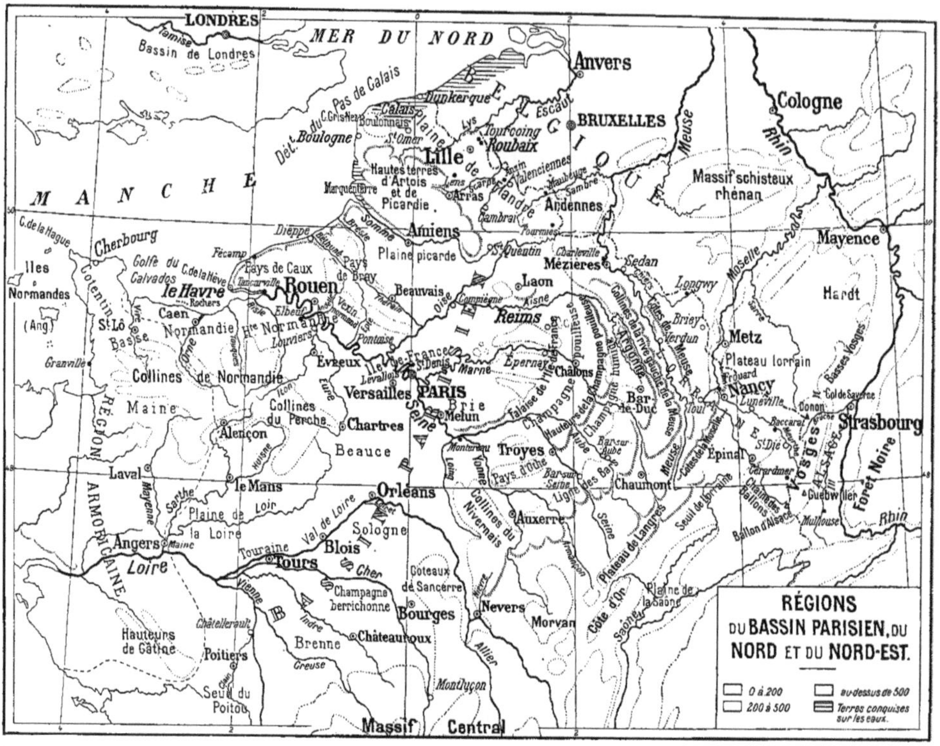

RÉGIONS DU BASSIN PARISIEN, DU NORD ET DU NORD-EST.

0 à 200 — 200 à 500 — au-dessus de 500 — Terres conquises sur les eaux.

(33 200 habitants). **Vanves** (12 200 (habitants).

Nota. — L'arrondissement de Sceaux s'est accru de 53 800 habitants en 5 ans.

Seine-et-Oise. — Excepté sur sa périphérie où s'étendent encore de vraies campagnes, ce département forme comme *la continuation de la banlieue parisienne*; c'est à sa proximité de Paris qu'il doit les caractères de sa vie économique et de sa population.

Nota. — Comme, d'après notre programme, il pourra être consacré 3 leçons à la géographie départementale, nous ne donnons pas de *résumés* pour la Seine.

3e LEÇON. — *Partie occidentale. — Normandie.*

1. Ce sont les *influences océaniques* qui font l'originalité de la partie occidentale du Bassin Parisien.

Ces influences vont nous permettre, en mettant à part les pays situés entre l'*Oise* et l'*Epte*, d'étudier en même temps les terrains *cristallins* et les terrains *sédimentaires* de la Normandie que sépare le cours de l'Orne.

2. Relief. — La région normande comprend : 1° la *plaine de Basse-Normandie*, limitée au sud par les collines de Normandie ; 2° au nord des collines du *Perche*, la *plaine de Haute-Normandie*, coupée par la Seine et connue sur la rive droite du fleuve sous le nom de *Pays de Caux*. Les collines du Pays de Bray marquent la limite entre la Normandie et la Picardie.

Fig. 45. — La Seine à Elbeuf.

3. Climat. — Le climat est *plus humide* que dans la partie orientale du Bassin Parisien à cause du voisinage de la mer ; les pluies tombent sur la côte, puis sur les hauteurs du pourtour.

4. Eaux courantes. — La *Bresle* et la *Béthune* sont les principaux cours d'eau du Pays de Caux.

La **Seine** (Rouen) se jette dans la Manche au Havre ; elle arrose la région avec ses affluents : l'*Eure* (Chartres), l'*Epte*, la *Risle*.

Les petits fleuves côtiers du Calvados : *Orne* (Caen), *Vire* (Saint-Lô), ont des estuaires très larges par rapport à la longueur de leurs cours.

5. Côtes. — Le pays de Caux est bordé de *falaises crayeuses* : le *cap de la Hève* est une des murailles les plus avancées de la falaise. La baie de la Seine, de l'embouchure du fleuve au Cotentin, est limitée au sud par les *côtes calcaires du Calvados* où se trouvent des rochers en cordon, débris de l'ancien rivage. Enfin, le Cotentin, flanqué à l'ouest des îles normandes détachées du continent, annonce déjà la Bretagne par ses *côtes rocheuses*.

6. Géographie économique. — Le pays est *agricole* et produit des *céréales*, mais *bien arrosé* et *humide*, il est surtout renommé par ses *herbages* où se nourrissent des chevaux, des bœufs, des vaches laitières.

Fig. 46. — Pâturage normand.

Il ne faudrait pas néanmoins oublier le groupe industriel de Haute-Normandie alimenté par le port du Havre : la *laine* y est travaillée à *Elbeuf* et à *Louviers*, le *coton*, à *Rouen* et autour de Rouen.

Fig. 47. — Louviers : l'Eure, l'usine Breton.

7. Villes et population. — Les principales villes sont des ports :

Rouen (118), grand port intérieur, travail du coton ; — **Le Havre** (132), second port de France où arrivent le *coton*, la *houille*, le *blé*, — *chantiers de construction* ; — **Caen** (44), port intérieur, commerce de *chevaux* et de *dentelles* ; — **Cherbourg** (43), le *grand port militaire* sur la Manche.

Remarque. — Si la population des villes *augmente* en *Normandie*, celle des campagnes malheureusement diminue : comme en Bretagne, *l'alcoolisme* y fait de nombreuses victimes malgré l'active propagande qui tend de plus en plus à anéantir ce terrible fléau.

8. Provinces et départements. — La partie *océanique ou occidentale* du Bassin Parisien comprend la plus grande partie de la **Normandie**, capitale *Rouen*, et une partie de l'**Ile-de-France**.

Les départements formés, et dont le chef-lieu se trouve dans la région, sont : la **Seine-Inférieure**, chef-lieu *Rouen* ; — l'**Eure**, chef-lieu *Evreux* ; — le **Calvados**, chef-lieu *Caen* ; — l'**Orne**, chef-lieu *Alençon* ; — l'**Oise**, chef-lieu *Beauvais*.

Fig. 48. — Évreux.

La **Manche** appartient à la région armoricaine (terrains cristallins). (Carte p. 63.)

RÉSUMÉ

1. La partie ***occidentale du Bassin Parisien*** forme le département de l'*Oise* et la plus grande partie de la *Normandie*.

2. La *plaine de Normandie*, qui, au nord de la Seine, prend le nom de *Pays de Caux*, est limitée au sud par les *collines de Normandie* et du *Perche*. Elle est séparée de la Picardie par les *collines du Pays de Bray*.

3. Le climat est *maritime* : il y pleut plus que dans le reste du Bassin Parisien à cause de la proximité de la mer.

4. Les cours d'eau sont : 1° les fleuves côtiers : *Béthune, Orne, Vire* ; 2° la ***Seine*** et son affluent l'*Eure*.

5. Les côtes sont bordées de *falaises* dans le Pays de Caux, *basses* dans le Calvados, *rocheuses* dans le Cotentin.

6. Le pays est agricole : *céréales, herbages*. — On y remarque le groupe industriel de Haute-Normandie (*Le Havre, Rouen, Elbeuf, Louviers*).

7. Les villes principales sont des ports : ***Le Havre, Rouen***, *Caen, Cherbourg*, etc.

8. (Chefs-lieux des départements indiqués ci-dessus).

Questionnaire et devoirs. — 1. Délimitez la région normande. — 2. Que savez-vous sur le relief ? — 3. Le climat ? — 4. Les côtes ? — 5. Les cours d'eau ? — 6. Les villes ? — 7. La géographie économique ? — 8. La géographie politique ?

Cartographie. — La Normandie.

4e LEÇON. — *Partie méridionale. Géographie physique.*

1. Rien ne sépare la partie méridionale du Bassin Parisien de la partie orientale[1]. Seulement, la partie méridionale est drainée par la *Loire*, fleuve qui, par son régime, diffère des autres cours d'eau de la région.

2. Relief. — C'est un *pays plat* qui comprend : 1° la *plaine de la Loire* au nord du fleuve ; 2° le *val de Loire* ; 3° au sud du fleuve, la *Champagne berrichonne*, riche en *céréales*, limitée au nord par la *Sologne* et au sud par la *Brenne*, toutes deux marécageuses.

Le *seuil du Poitou* unit le Bassin Parisien au Bassin Aquitain.

Les seules hauteurs sont les coteaux de Sancerre, couverts de vignobles.

3. Climat. — Le climat est doux ; les pluies ne sont pas très abondantes.

4. Eaux courantes. — La **Loire** est sujette aux inondations ; c'est le fleuve le plus *irrégulier* de France, insignifiant en été, fougueux lors de la fonte des neiges du Massif Central. Comme il ne reçoit la plupart de ses affluents qu'en aval de Tours, rien ne vient atténuer cet écart de débit.

La *Loire* passe à **Nevers, Orléans, Blois, Tours** ; elle unit mal les pays qu'elle traverse.

Les affluents du Massif Central, aux cours parallèles dans la région, sont : l'*Allier*, le *Cher*, l'*Indre* (Châteauroux), la *Vienne* (Limoges) grossie de la Creuse et du Clain (Poitiers).

La *Nièvre* a son confluent à Nevers, elle vient des collines du Nivernais. — Le *Loiret* est la réapparition d'un bras souterrain de la Loire. — Le *Loir* et la *Sarthe* qui arrosent la plaine de la Loire ont pour collecteur la *Maine*. La *Mayenne* est encore un affluent de la Maine.

RÉSUMÉ

1. La ***partie méridionale du Bassin Parisien*** est arrosée par la ***Loire*** qui reçoit dans la région, les affluents descendus du Massif Central.

2. C'est un pays de plaines : 1° *Plaines de la Loire*, 2° *Val de Loire*, 3° *Champagne berrichonne* entre la Sologne et la Brenne, 4° *Poitou*. A l'est s'élèvent les coteaux de Sancerre.

3. Le *climat est doux* ; les pluies ne sont pas très abondantes.

1. *Aucune hauteur* tant soit peu marquée ne sépare le système fluvial de la Loire de celui de la Seine entre les collines du Nivernais à l'est et les collines du Perche à l'ouest. La *plaine de la Beauce*, entre Paris et Orléans, est, au contraire, un ancien *fond lacustre*.

4. La *Loire*, fleuve *irrégulier* sorti du Massif Central, reçoit, à droite : la *Nièvre* ; à gauche : l'*Allier*, le *Loiret*, le *Cher*, l'*Indre* et la *Vienne* grossie de la Creuse. — La plaine située au nord-ouest du fleuve est parcourue par le *Loir* et la *Sarthe*.

Questionnaire et devoirs. — 1. Qu'est-ce que la région de la Loire ? — 2. Que savez-vous sur le relief ? — 3. Le climat ? — 4. Les cours d'eau ?

CARTOGRAPHIE. — Carte physique de la région de la Loire : relief, cours d'eau.

5e LEÇON. — *Géographie humaine.*

1. **Étude économique.** — La région est surtout *agricole* : *chanvre* du Maine, *céréales, vins, moutons* du Berry. Le val de Loire est un long jardin privilégié ; c'est pourquoi on donne souvent à la Touraine, partie du val, le nom de « *jardin de la France* ».

Toutefois, on rencontre des *mines de fer* près de Bourges, des *forges* près de Nevers, et un centre industriel pour le *lin* et le *chanvre* autour du Mans.

2. **Villes et population.** — Les deux grandes villes industrielles sont : **Angers** (82), située sur les confins du Bassin Parisien et de la région armoricaine : *toiles à voiles* et *ardoises*, pépinières ; — **Le Mans** (65) : *toiles fortes*. — Les autres villes importantes sont : **Orléans** (68), travail de la *laine, vinaigre*, pépinières ; — **Tours** (67), *soieries renommées* ; — **Bourges** (44), *fonderies de canons, arsenal* ; — **Poitiers** (39), *marché agricole*.

Fig. 49. — Orléans : place du Martroi.

La population des pays de la Loire est en général inférieure à la moyenne comme densité. Pourtant la vie est facile dans l'ensemble de la région et les habitants sont presque partout affables, gais et enjoués.

3. **Provinces et départements.** — La partie méridionale du Bassin Parisien comprend : le **Berry**, capitale *Bourges* ; la **Touraine**, capitale *Tours*, et la majeure partie du **Maine**, capitale *le Mans*, de l'**Anjou**, capitale *Angers*, du **Poitou**, capitale *Poitiers*, du **Nivernais**, capitale *Nevers*, et de l'**Orléanais**, capitale *Orléans*.

Les départements formés, et qui ont leur chef-

Partie méridionale du Bassin Parisien.

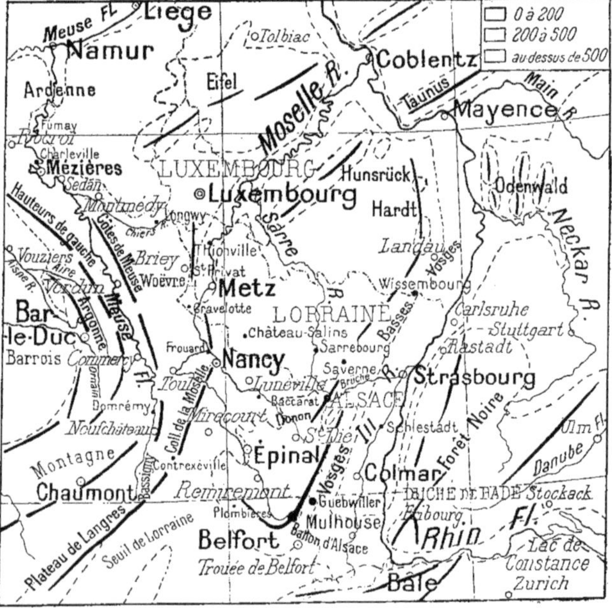

Région du Nord-Est.

lieu dans la région, sont : la *Sarthe*, chef-lieu Le Mans ; — le *Loir-et-Cher*, chef-lieu Blois ; —

Fig. 50. — Château de Blois.

le *Loiret*, chef-lieu Orléans ; — la *Nièvre*, chef-lieu Nevers ; — le *Cher*, chef-lieu Bourges ; — l'*Indre*, chef-lieu Châteauroux ; — l'*Indre-et-Loire*, chef-lieu Tours ; — le *Maine-et-Loire*, chef-lieu Angers ; — la *Vienne*, chef-lieu *Poitiers*. (Carte p. 63.)

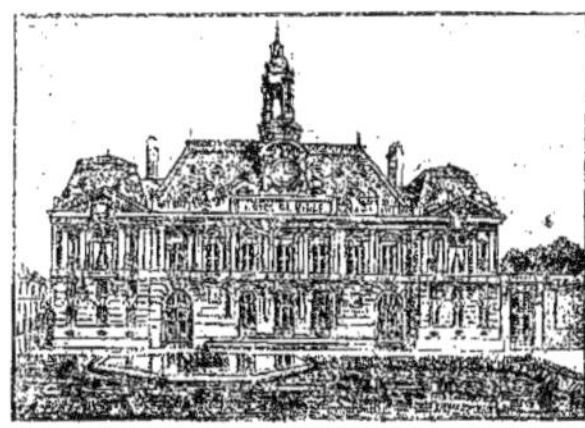

Fig. 51. — Tours : Hôtel de ville.

RÉSUMÉ

1. Le pays est *agricole* (*chanvre, céréales, vins, moutons*). Cependant il renferme du *fer* que l'on exploite aux environs de Nevers et de Bourges et un centre industriel pour les *toiles* existe autour du Mans.

2. Les principales villes sont : ***Angers, Le Mans*** : *industries textiles* ; ***Orléans, Tours*** et ***Bourges***.

3. (Chefs-lieux des départements indiqués ci-dessus.)

Questionnaire et devoirs. — 1. Quelles sont les productions des pays de la Loire ? — 2. Nommez les villes principales. — 3. Les départements avec leurs chefs-lieux.

CARTOGRAPHIE. — Carte économique et politique des pays de la Loire.

3. — RÉGION DU NORD-EST

1. Aperçu géologique. — La région du **Nord-Est** est formée de deux anciens *massifs primaires*, *Ardennes* et *Vosges*, entre lesquels s'étend le plateau lorrain dont les terrains appartiennent au Bassin Parisien.

Fig. 52. — Les Vosges à Giromagny.

2. Relief. — **Les Vosges**, plus élevées dans leur section méridionale (Guebwiller, en territoire alsacien : 1 428 mètres), sont des montagnes aux sommets arrondis appelés *ballons*[1] ; elles sont couvertes de *belles forêts de sapins* et de *prairies*. Les cols, peu nombreux, ont une altitude assez grande : celui de Saverne livre passage au *canal de la Marne au Rhin* et à la ligne ferrée de *Paris à Strasbourg*.

L'Ardenne, massif schisteux qui se continue en Belgique et en Allemagne, est un plateau à peine ondulé, triste et monotone, couvert de bois et de marécages. Le point culminant en France n'a que 504 mètres.

Entre ces hauteurs usées d'Ardenne-Vosges se développe le **plateau lorrain** (200 mètres) sillonné par les premières crêtes du Bassin Parisien et limité au Sud par la *chaîne des Ballons*.

3. Climat. — C'est le *climat continental*, aux étés chauds et aux hivers rigoureux.

4. Eaux courantes. — Les rivières ont un débit régulier. — La *Moselle*, descendue des Vosges, traverse le plateau lorrain, passe à Épinal, reçoit la Meurthe (Nancy) et se dirige vers le Rhin. — La *Meuse*, issue du plateau de Langres, traverse une série de bassins avant d'effectuer sa pénible trouée dans l'Ardenne.

5. Géographie économique. — Le pays a peu de cultures, mais des *forêts* et du *fer*. Il est surtout *industriel* et cela d'autant plus que la *houille* arrive facilement par les canaux. Dans les Ardennes, on travaille le *fer*, on fabrique des *draps*, on exploite les *ardoisières*.

Toutefois, l'activité s'accroît encore en Lorraine : la *métallurgie du fer* prend de grandes proportions *autour de Nancy* ; dans les Vosges le *coton* venu du Havre (canal de la Marne) est utilisé grâce à la *houille blanche*.

La prospérité de la région industrielle de l'Est justifie presque ce mot d'un prince allemand que la France se referait une *autre Alsace* le long de sa nouvelle frontière.

1. Du vieux mot gaulois *bal* : montagne.

6. Villes. — **Nancy** (110), *métallurgie* et *filatures*, une des plus belles villes de France ; —

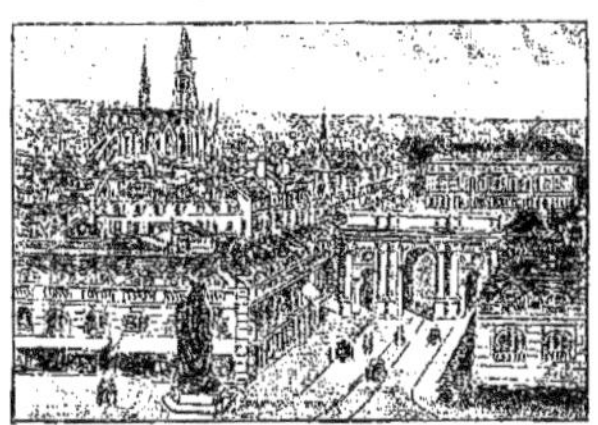

Fig. 53. — Nancy.

Épinal (29) : place forte, *papeteries* ; — **Sedan** (19) : fabriques de *draps* ; — **Lunéville** (24).

La Lorraine, pays de transition entre la plaine française et l'Europe centrale, a été très disputée entre la France et l'Allemagne.

Fig. 54. — La Meuse à Sedan.

Dans une de ces luttes, nous avons perdu naguère (1870-71) les villes de *Metz* en Lorraine, de *Strasbourg* et de *Mulhouse* dans la fertile plaine d'Alsace.

7. Provinces et départements. — La région du Nord-Est comprend une partie de la **Champagne** et la **Lorraine** française, cap. *Nancy*.

Les départements formés, et qui ont leur chef-lieu dans la région, sont : les **Ardennes**, chef-lieu *Mézières* ; — la **Meuse**, chef-lieu *Bar-le-Duc* ; — la **Meurthe-et-Moselle**, chef-lieu *Nancy* ; — les **Vosges**, chef-lieu *Épinal* (carte p. 63).

RÉSUMÉ

1. La région du ***Nord-Est*** comprend l'*Ardenne* et les *Vosges* (massifs anciens), et, entre ces hauteurs, le *pays lorrain* (Bassin Parisien).

2. Les ***Vosges*** n'atteignent pas 1 500 mètres ; leur principal sommet est le Guebwiller ; les ***Ardennes*** sont une partie d'un vaste plateau schisteux ; le ***pays lorrain*** est un plateau de *grès*, de *calcaire* et de *marne*.

3. Le *climat est continental* avec de brusques variations.

4. Le **Rhin** reçoit de la région : la *Moselle* grossie de la Meurthe. La *Meuse* est une rivière de plateau qui rejoint le Rhin à son embouchure.

5. Le pays est *peu agricole,* mais l'industrie y est très développée : au pied des Vosges (*coton*), autour de Nancy (*fer*) et dans l'Ardenne (*métallurgie*).

6. La ville principale est **Nancy**; citons encore *Epinal* et *Sedan*.

7. (Chefs-lieux des dép. indiqués ci-dessus.)

Questionnaire et devoirs. — 1. Que comprend la région du Nord-Est ? — 2. Quel est le relief du pays ? — 3. Quel en est le climat ? — 4. Parlez des cours d'eau. — 5. Des productions.

CARTOGRAPHIE. — Région du Nord-Est : relief, cours d'eau, villes chefs-lieux.

4. — RÉGION DU NORD.

1. La **région du Nord,** située au pied de l'Ardenne hercynienne, renferme de la *houille* comme le Massif Central, mais elle contraste avec le Massif Central par son altitude et ses *richesses agricoles*. De plus, elle donne sur la mer du Nord, un des carrefours du commerce de l'Europe centrale.

2. **Aperçu géologique.** — La *plaine de Picardie* appartient au Bassin Parisien ; les *hautes terres de l'Artois* sont le rebord de ce bassin. Quant à la Flandre française, elle continue la Belgique : on y trouve les *terrains tertiaires* et *quaternaires* du Bassin de Bruxelles (voir la carte : France géologique, page 25).

Fig. 55. — Paysage de la Flandre maritime.

3. **Relief.** — Cette région, *plate* par excellence, comprend : 1° les *basses plaines de Flandre* situées au-dessous du niveau des hautes mers ;

Région du Nord.

2° les *hautes terres* d'Artois et de Picardie, dont la hauteur moyenne varie de 50 à 100 mètres ; 3° le *massif de calcaires durs* du Boulonnais, isolé et peu élevé ; 4° la *plaine picarde*.

4. **Climat.** — Le climat, *tempéré* et *humide*, mais déjà froid en hiver, avec un ciel gris et triste, rappelle celui des plaines voisines de la Hollande et de l'Angleterre.

5. **Cours d'eau.** — Les cours d'eau sont paisibles et abondants : ils prennent leur source à une altitude médiocre, leur lit entame à peine le sol de la plaine. — Ce sont : l'**Escaut** (Cambrai, Valenciennes) qui entre en Belgique et se jette en Hollande dans la mer du Nord ; la *Scarpe* (Arras) et la *Lys*, affluents de l'Escaut ; la *Sambre*, affluent de la Meuse ; la *Somme* (Amiens), rivière de boue qui traverse la plaine picarde.

Le pays (et la Flandre en particulier), grâce à son faible relief, a pu être *sillonné de canaux*.

6. **Côtes.** — *a*) Le littoral de la mer du Nord est *bas et déprimé* comme en Belgique et en Hollande. Derrière les *dunes de sable* contenues par des *digues* se développent les *polders*[1] flamands très fertiles : on a pu fixer les dunes au moyen d'*oyats*, graminées à longues racines traçantes.

b) A partir du détroit du Pas-de-Calais, on rencontre les *falaises* assez élevées du Boulonnais (Cap Gris-Nez) ; puis, la côte s'abaisse de nouveau : elle est *sablonneuse* jusqu'au Marquenterre, région d'*herbages* et *d'élevage*, conquise sur la mer et formée à l'embouchure de la Somme par les *alluvions* boueuses du fleuve mêlées aux débris de la côte anglaise du Pas-de-Calais.

1. Ce sont des terres qui étaient alternativement couvertes et découvertes et que l'homme a endiguées. Vers le sud-est, elles s'étendaient jusqu'à Saint-Omer.

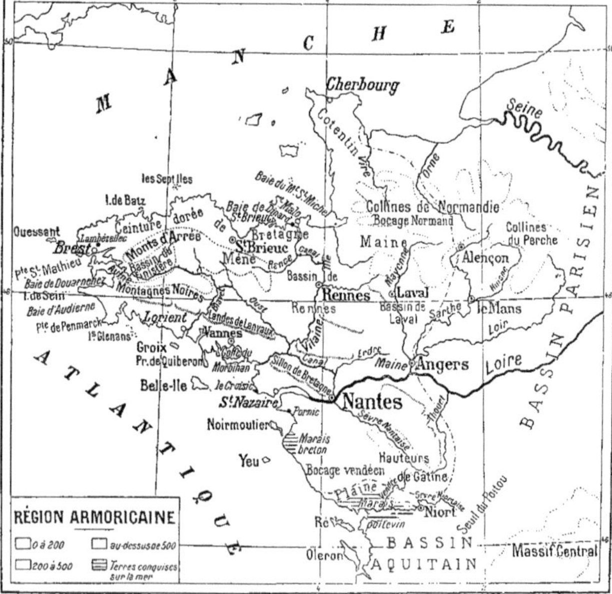

Fig. 56. — Port de Boulogne.

7. **Géographie économique.** — La région du Nord est la plus prospère des régions françaises. C'est *une* **région complète**, à la fois *agricole, industrielle* et *commerçante*.

La *bande houillère* qui suit les massifs hercyniens à travers l'Allemagne et la Belgique se termine sur son territoire (Anzin-Lens).

Le *fer* existe à proximité de la *houille*. Aussi la *métallurgie* est-elle active à Lille et à Maubeuge.

Comme la solidarité qui existe entre les industries les porte à se grouper, comme la région du Nord est riche en *produits textiles*, en *céréales* et en *betteraves*, comme les matières premières arrivent par Dunkerque et Anvers avec facilité, les *lainages* sont fabriqués à Roubaix, Tourcoing, Calais, Fourmies, Saint-Quentin; les *cotonnades* et les *toiles* à Lille, Valenciennes, Amiens, Saint-Quentin; il y a des *raffineries de sucre* et des *minoteries* très importantes.

La population ouvrière trouve les produits alimentaires sur place, car le sol est fertile; *l'élevage* intensif est pratiqué dans le Nord.

Il faut ajouter que l'absence de relief a permis l'établissement de *canaux* et de *voies ferrées* qui s'enchevêtrent, desservent les villes et transportent les marchandises. — Les canaux qui unissent Paris et le Nord font un *trafic considérable*.

8. **Villes.** — Les ports de *Dunkerque* (38), de *Calais* (66) et de *Boulogne* (51) servent à alimenter les industries et à écouler les produits. — Les centres urbains se concentrent surtout autour de **Lille** (205): **Roubaix** (121), *Tourcoing* (81), *Armentières* (29), se sont développés avec une rapidité étonnante et ne forment pour ainsi dire avec Lille qu'une même agglomération.

En Picardie, **Amiens** compte 90 900 habitants et *Saint-Quentin* 52 700.

9. **Provinces et départements.** — La région du Nord comprend: la **Flandre**, capitale *Lille*; l'**Artois**, capitale *Arras* et la **Picardie**, capitale *Amiens*.

Les départements formés sont: le **Nord**, chef-lieu *Lille*; le **Pas-de-Calais**, chef-lieu *Arras*; la **Somme**, chef-lieu *Amiens* (carte p. 63). Le département du Nord est peuplé de 1 863 000 habitants.

RÉSUMÉ

1. La *région du Nord* est la continuation de la plaine flamande de Belgique; elle touche à la mer du Nord.

2. C'est un pays plat comprenant : 1° la *plaine de Flandre*; 2° les hautes terres d'*Artois* et de *Picardie*; 3° le massif isolé du *Boulonnais*; 4° la *plaine picarde*.

3. Le climat est *humide, brumeux*, assez froid en hiver.

4. Les rivières sont paisibles et abondantes : l'*Escaut* reçoit la *Scarpe* et la *Lys*; la *Sambre* se jette dans la Meuse; la *Somme* passe à Amiens. — La Flandre est coupée de *canaux*.

5. Les côtes sont *basses*, bordées de *dunes* sur la mer du Nord; le massif du Boulonnais projette le cap Gris-Nez; la côte redevient *sablonneuse* et *basse* au sud de Boulogne.

6. La région du Nord est une *région complète*. L'agriculture y est prospère : *blé, betteraves, élevage*. Le groupe industriel du Nord est *le plus important de France* : la *houille* se trouve à Anzin et à Lens; on fabrique des *toiles* à Lille, des *lainages* à Roubaix et à Saint-Quentin; la *métallurgie* est très active; le commerce se fait par les ports de *Calais, Dunkerque* et *Boulogne*.

7. Les principales villes sont : **Lille, Roubaix**, *Tourcoing*, **Amiens**, *Calais, Boulogne, Saint-Quentin, Dunkerque*.

8. (Chefs-lieux des départements.)

Questionnaire et devoirs. — 1. Qu'est-ce que la région du Nord? — 2. Que savez-vous sur son relief? — 3. Son climat? — 4. Ses cours d'eau? — 5. Ses productions? — 6. Ses villes? — 7. Quels sont les départements que comprend la région?

Cartographie. — Carte de la région du Nord : relief, rivières, côtes, villes.

5. — RÉGION ARMORICAINE OU DE L'OUEST (Bretagne-Vendée).

1. Les influences *maritimes* y sont encore plus accentuées que dans le Cotentin et la Normandie.

La région de l'*Ouest* est constituée par les ruines de l'ancien massif primaire de *Bretagne-Vendée*: on y distingue deux lignes de *roches éruptives* anciennes (*granit*) au milieu des *schistes*.

2. **Relief.** — Les deux lignes de roches granitiques forment : 1° les *monts de Bretagne*, prolongés par les *collines de Normandie*; 2° la *Montagne-Noire*, prolongée par les *hauteurs de Gâtine*. — Entre ces deux lignes s'étend une série de bassins dont le principal est celui de Rennes: cette dépression est empruntée par le *canal de Nantes à Brest*.

Note. — A l'intérieur de la presqu'île de Bretagne, les monts sont tristes, les plateaux monotones. — « Il faut aux coteaux armoricains leur sévérité de couleur, leurs roches éboulées, leurs brumes, leurs nuées basses, leurs pluies sans fin, pour qu'on ose les traiter de montagnes: la voussure la plus élevée de toute la Bretagne n'atteint même pas 400 mètres; c'est une suprématie parmi les taupinières[1]. »

En Vendée, on rencontre: le *Bocage vendéen*, autour des hauteurs de Gâtine; — la *Plaine*, argileuse et couverte de haies, — les *Marais breton* et *poitevin* (marais salants).

La région de l'Ouest est séparée du Massif Central par le *seuil du Poitou*.

3. **Climat.** — Le climat est *doux* (influence du Gulf-Stream) et *très humide*.

1. *Onésime Reclus. — Sites et monuments* (vol. Bretagne). *publié par le Touring-Club de France.*

4. Cours d'eau. — La **Loire** (Nantes), qui se jette dans l'Océan à Saint-Nazaire, reçoit dans la région : 1° la *Maine* (Angers), bien pourvue d'eau par la *Mayenne* (Laval), la *Sarthe* (Le Mans) et le *Loir* venus des hauteurs normandes ; 2° la *Sèvre Nantaise* venue des collines de Gâtine.

Les fleuves côtiers, véritables petits bras de mer pour la plupart sont : en Bretagne, la *Rance*, l'*Aulne*, le *Blavet*, la *Vilaine* grossie de l'Ille ; — en Vendée, la *Sèvre Niortaise* qui reçoit la Vendée. Tous ces cours d'eau sont bien alimentés à cause de l'humidité constante.

5. Côtes. — Les côtes sont *rocheuses, très découpées* (baie du mont Saint-Michel, baie de Saint-Brieuc, pointe Saint-Mathieu, etc.), semées d'écueils dangereux, avec des îles au large. Ces îles (Ouessant, Groix, Belle-Ile, Noirmoutier, Yeu) marquent la limite de l'ancien littoral.

La côte vendéenne est rectiligne, ***basse et plate, marécageuse*** en face des îles de Noirmoutier et de Ré.

5. Géographie économique. — En Bretagne, il faut distinguer la côte (Armor) de l'intérieur (Argoat). La côte est *peuplée* : les habitants vivent de la mer, soit qu'elle leur apporte ses *engrais* (cultures *maraîchères* de la « Ceinture dorée du Nord »), soit qu'elle les invite à la *pêche* et au commerce.

Fig. 57. — La lande bretonne : dolmen.

Dans l'intérieur, assez pauvre, on cultive le *sarrazin* dans le « centre breton » et le *blé* dans le « bassin de Rennes » : là, les amendements ont modifié le sol.

Il y a un *groupe industriel* autour de Nantes (raffineries, conserves).

Le Bocage vendéen, le Cotentin, le Maine et le Bocage normand se livrent à l'*élevage*.

6. Villes et populations. — **Nantes** (133) : *conserves*, et *Saint-Nazaire* (31), l'avant-port de Nantes : commerce avec l'Amérique Centrale ; — **Brest** (85), pourvu d'une *admirable rade*, et **Lorient** (46) sont deux *ports militaires*.

A l'intérieur, citons **Rennes** (75), ancienne capitale de la Bretagne, marché agricole.

Les habitants de l'Ouest présentent des caractères presque aussi tranchés que ceux du Midi ; longtemps ils tinrent à leurs coutumes et conservèrent le culte du passé. Rudes, mais probes, ils ont fourni beaucoup de *grands hommes* à la France.

7. Provinces et départements. — La région de l'Ouest comprend : la **Bretagne**, capitale *Rennes*, une partie de la **Normandie**, du **Maine**, de l'**Anjou** et du **Poitou**.

Les départements formés, et qui ont leur chef-lieu dans la région, sont :

Le **Finistère**, chef-lieu *Quimper* ; — les **Côtes-du-Nord**, chef-lieu *Saint-Brieuc* ; — le **Morbihan**, chef-lieu *Vannes* ; — l'**Ille-et-Vilaine**, chef-lieu *Rennes* ; — la **Loire-Inférieure**, chef-lieu *Nantes* ; — la **Vendée**, chef-lieu *La Roche-sur-Yon* ; — les **Deux-Sèvres**, chef-lieu *Niort* ; — la **Mayenne**, chef-lieu *Laval* ; — la **Manche**, chef-lieu *Saint-Lô* (carte p. 63).

RÉSUMÉ

1. La région de l'***Ouest*** est l'ancienne île primaire de Bretagne-Vendée.

2. Les hauteurs usées se reconnaissent dans : 1° les *monts de Bretagne* ; 2° la *Montagne-Noire* et les hauteurs de *Gâtine*. Elles forment deux lignes entre lesquelles s'étend la dépression de Rennes.

3. Le climat est *doux* (influence du Gulf-Stream) et *très humide* : sur le *sol granitique*, l'eau ruisselle de toutes parts.

4. Les rivières sont bien alimentées : 1° la *Rance*, l'*Aulne*, le *Blavet*, la *Vilaine*, la *Sèvre-Niortaise* se jettent dans l'Atlantique ; 2° la *Maine* et ses affluents, la *Sèvre-Nantaise* vont à la Loire, fleuve qui passe à Nantes et à Saint-Nazaire.

5. Les côtes, *rocheuses, découpées*, sont bordées d'écueils, avec des îles au large.

6. Le sol est *pauvre* en général, excepté dans la « *Ceinture dorée* » et le bassin de Rennes. — Les habitants vivent de la mer ou se livrent à l'élevage. Il y a pourtant un *groupe industriel* autour de Nantes.

7. Les villes importantes, si l'on met à part ***Rennes***, sont des ports : **Nantes**, *Saint-Nazaire*, *Brest* et *Lorient*.

8. (Chefs-lieux des départements indiqués ci-dessus.)

Questionnaire et devoirs. — 1. Qu'est-ce que la région de l'Ouest ? — 2. Que savez-vous sur le relief de cette région ? — 3. Sur son climat ? — 4. Sur ses cours d'eau ? — 5. Sur ses côtes ? — 6. Quelles sont les productions de l'Ouest ? — 7. Nommez, avec leurs chefs-lieux, les départements de la région.

CARTOGRAPHIE. — Région de l'Ouest : relief, cours d'eau, côtes, villes.

6. — RÉGION DES ALPES

1. Les ***Alpes*** sont dues au grand plissement de l'époque tertiaire. Montagnes de date relativement *récente*, peu dégradées, elles comportent des *sommets élevés*, des *neiges* persistantes et de vastes *glaciers* : nous aurons donc là un centre hydrographique important.

Régions des Alpes et du Jura.

Lorsque se produisit le plissement alpin, de très hauts massifs de granit pointèrent à l'intérieur, rejetant les calcaires sédimentaires sur les côtés. — Ce sont les hauts *massifs granitiques* qui possèdent les glaciers ; les massifs calcaires, tout aussi pittoresques, ont une élévation moindre.

Entre ces différents massifs circulent les rivières : leurs vallées découpent la masse alpestre et facilitent beaucoup les relations.

2. Relief. — La région s'étage en s'élevant du Rhône vers les massifs granitiques. Du côté de

Fig. 58 — Mont-Blanc

Jullien, frères, Phot. Genève.

l'Italie, où les calcaires s'effondrèrent dans la dépression du Pô, la chaîne s'abaisse brusquement.

Les vallées aboutissent à des *cols* qui permettent de franchir les Alpes en plusieurs points (cols du *Mont-Genèvre*, du *Mont-Cenis*, du *Petit Saint-Bernard*, etc.).

On distingue en France : 1° les **Alpes de Savoie** entre le *Rhône* et l'*Arc-Isère*, avec les massifs du **Mont-Blanc** (4 810 mètres) et de la *Vanoise* ;

Fig. 59. — Col de la Vanoise.

— 2° les **Alpes du Dauphiné** entre l'*Arc-Isère*, la *Drôme* et la *Durance*, avec le massif du *Pelvoux* (Barre des Écrins) ; — 3° les **Alpes de Provence** au sud de la Drôme et de la Durance, avec le mont *Ventoux*.

3. Climat. — Le climat est celui des montagnes : il varie avec l'altitude et est tempéré dans les vallées. Au sud du Massif du Pelvoux (col du Lautaret) commencent à se faire sentir les influences méditerranéennes.

Il tombe beaucoup de *pluie* et de *neige* sur les Alpes.

4. Eaux courantes. — Les Alpes envoient leurs eaux au **Rhône** par des torrents rapides et plus ou moins dévastateurs suivant le déboisement des pentes. — Le **Rhône** naît dans les *Alpes Suisses*, au mont Furca, à 1 750 mètres d'altitude. Il s'épure et se régularise dans le *lac de Genève*. Les principales rivières qui lui viennent des Alpes françaises sont : l'*Arve* qui trouble le fleuve à sa sortie du lac ; l'*Isère* grossie de l'Arc qui arrose la fertile plaine du Graisivaudan (Grenoble) ; la *Drôme* ; la *Durance* qui, à une époque lointaine, a dû se jeter directement dans la mer en formant le *delta* caillouteux de la *Crau*.

5. Géographie économique. — La région des Alpes est *pauvre*. Dans les vallées, où l'on cultive les *céréales*, la vie se concentre. Sur les hauteurs s'étagent les *forêts* et les *pâturages* jusqu'à la limite des neiges. — Les mines, quand elles existent, sont difficiles à exploiter : cependant, grâce à la « *houille blanche* » des torrents, quelques industries s'établissent de nos jours dans les Alpes.

6. Population et villes. — L'homme a reçu l'empreinte de la montagne ; les travaux pénibles et persévérants auxquels il se livre lui ont donné la ténacité, l'énergie et le sang-froid.

La seule ville importante est **Grenoble** (73), place forte au débouché de la vallée du Graisivaudan : ganteries.

7. Provinces et départements. — La région des Alpes comprend : la **Savoie**, capitale *Chambéry* ; la plus grande partie du **Dauphiné**, capitale *Grenoble* ; une partie de la **Provence**, du **Comtat-Venaissin** et du **Comté de Nice**.

Les départements formés, et qui ont leur chef-lieu dans la région, sont :

La **Haute-Savoie**, chef-lieu *Annecy* ; — la **Savoie**, chef-lieu *Chambéry* ; — l'**Isère**, chef-lieu *Grenoble* ; — les **Hautes Alpes**, chef-lieu *Gap* ; — les **Basses-Alpes**, chef-lieu *Digne* (carte p. 63).

RÉSUMÉ

1. Les ***Alpes*** sont dues au grand plissement de l'époque tertiaire.

2. Elles comprennent en France : 1° les *Alpes de Savoie* (Mont-Blanc) ; 2° les *Alpes du Dauphiné* (Pelvoux) ; 3° les *Alpes de Provence*.

Les Alpes sont coupées de *vallées* ; des

Fig. 60. — Sources de l'Arc

cols permettent de franchir les chaînes.

3. Le climat est celui des montagnes ; les pluies sont abondantes.

4. Les Alpes envoient au ***Rhône***, né au mont Furca en Suisse : l'*Arve*, l'*Isère* grossie de l'Arc, la *Drôme* et la *Durance*. Toutes ces rivières sont plus ou moins torrentielles.

5. Les Alpes sont pauvres ; on s'y livre à l'exploitation des *forêts* et des *pâturages*. Grâce à la « *houille blanche* », quelques industries s'y établissent de nos jours.

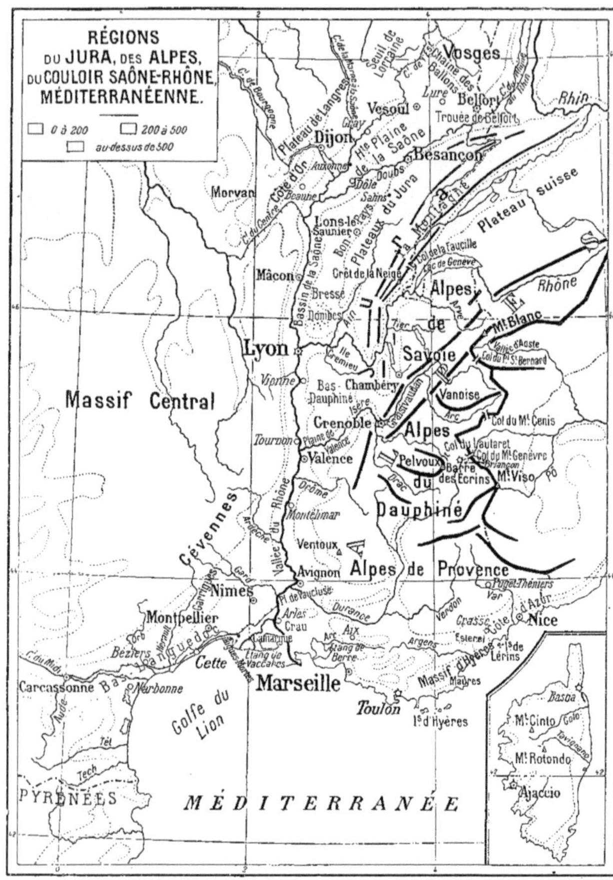

6. La ville principale est située dans une belle vallée : c'est *Grenoble*.

7. (Chefs-lieux des départements indiqués ci-dessus.)

Questionnaire et devoirs. — 1. Quand s'est produit le plissement alpin? — 2. Quelles sont les parties des Alpes françaises? — 3. Parlez du climat. — 4. Des cours d'eau. — 5. Des productions. — 6. Quels sont les départements alpestres?

Cartographie. — Les Alpes (indiquer les noms géographiques contenus dans le texte).

7. — RÉGION DU JURA

1. Le mouvement alpin a relevé les calcaires jurassiques situés aux abords de la zone de plissement. Arrêtés par le Morvan et les Vosges, ils ont été brusquement comprimés et se sont plissés en chaînons parallèles.

2. **Relief.** — Le **Jura** va du *Rhin* aux abords de l'*Isère* : il a la forme d'un croissant. Ses chaînons sont plus hauts du côté de la Suisse, plus hauts aussi dans la section méridionale de la chaîne (Crêt de la Neige : 1 723 mètres).

Entre les chaînons s'allongent des vallées (*vals*) communiquant entre elles au moyen de **cluses** ; au centre, de vastes plateaux s'inclinent d'est en ouest vers la plaine.

La *Trouée de Belfort* sépare le Jura des Vosges.

Fig. 61. — Le Jura dans le Bugey.

2. **Climat.** — Le climat est continental ; il varie avec l'altitude. Les pluies, pourtant abondantes, s'infiltrent vite dans le sol poreux : de là une réelle impression de *sécheresse*.

3. **Eaux courantes.** — Les sources sont nombreuses. — Le *Doubs* (Besançon), au cours tourmenté, qui se jette dans la *Saône*. — L'*Ain* qui se jette dans le **Rhône** sont des rivières jurassiques et partant bien alimentées. Elles se perdent parfois dans le calcaire.

Sorti du lac de Genève, le **Rhône** coupe les chaînons méridionaux du Jura, puis entre dans une plaine marécageuse où il reçoit l'*Ain* avant d'arriver à Lyon.

4. **Géographie économique.** — Comme le climat, les cultures varient avec l'altitude ; 1° dans la « montagne », il y a des *forêts* et des *pâturages* (*élevage, fromageries*) ; — 2° sur les « plateaux » on se livre à l'*agriculture* dans les vallées et l'on exploite les *gisements de sel gemme* (Salins, Lons-le-Saulnier) ; — 3° dans le « Vignoble » ou *Bon pays*, on cultive le *blé*, le *maïs* et la *vigne*.

L'industrie de l'*horlogerie* est prospère dans le pays.

5. **Villes.** — Les villes importantes se trouvent au contact de la montagne et de la plaine : **Besançon** (56) : *horlogerie*, et *Belfort* (54) sont deux grandes places fortes.

6. **Provinces et départements.** — La région comprend une partie de la **Franche-Comté**, capitale *Besançon*, de la **Bourgogne** et de l'**Alsace**.

Les divisions administratives formées, et qui ont leur chef-lieu dans la région, sont :

Le **territoire de Belfort** (Haut Rhin), chef-lieu *Belfort* ; — le **Doubs**, chef-lieu *Besançon* ; — le **Jura**, chef-lieu *Lons-le-Saulnier* (carte p. 63).

RÉSUMÉ

1. Le ***Jura*** est une conséquence du plissement alpin.

2. Il a la forme d'un croissant renflé en son milieu et dont les pointes s'arrêtent au *Rhin* et à l'*Isère*. Il se compose de *chaînons parallèles* s'abaissant d'est en ouest pour former des plateaux. — La *Trouée de Belfort* sépare le ***Jura*** des ***Vosges***.

3. Le climat est continental; le sol perméable est sec malgré les pluies abondantes.

4. Les eaux infiltrées vont aux rivières de la région : le *Doubs*, affluent de la *Saône*, et l'*Ain*, affluent du ***Rhône***. — Le ***Rhône***, à sa sortie du lac de Genève, coupe les chaînons méridionaux du Jura pour se diriger sur Lyon.

5. Le Jura a des *forêts* et des *pâturages*; il renferme des *salines*; — l'industrie de *l'horlogerie* est active dans la région.

6. Les principales villes sont, au contact de la plaine : ***Besançon*** et *Belfort*, toutes deux places fortes.

7. (Chefs-lieux des départements indiqués ci-dessus.)

Questionnaire et devoirs. — 1. Comment a été formé le Jura ? — 2. Que savez-vous sur son relief ? — 3. Sur son climat ? — 4. Sur ses cours d'eau ? — 5. Sur ses productions ? — 6. Départements de la région.

Cartographie. — Le Jura : relief, rivières, villes.

Fig. 62. — Quais du Rhône à Lyon.

8. — RÉGION DE LA PLAINE DE LA SAÔNE ET DE LA VALLÉE DU RHÔNE

1. La ***region de la plaine de la Saône*** et de la ***vallée du Rhône*** (ancien golfe méditerranéen) est un *long couloir* par lequel, dès l'antiquité, les hommes ont passé de la Méditerranée dans la Manche en suivant le *seuil de la Côte d'Or* et la *vallée de la Seine*.

2. Relief. — La plaine de la Saône comprend : 1° la *Haute plaine de la Saône* ; — 2° la *plantureuse Bresse* ; — 3° la *Dombes marécageuse*. — La vallée du Rhône, au sud du Bas-Dauphiné, se développe en un chapelet de plaines : *plaine de Valence*, de *Montélimar* et de *Vaucluse*.

La région est limitée par le *Massif Central*, le *plateau de Langres*, les *Vosges*, le *Jura* et les *Alpes* ; elle communique : 1° avec le plateau suisse et l'Allemagne du Sud par la *Trouée de Belfort* (canal du Rhône au Rhin) ; 2° avec le Nord-Est par le *seuil de Lorraine* (canal de l'Est); — 3° avec le Bassin Parisien par les *seuils de la Côte-d'Or* (canaux de Bourgogne et du Centre) ; — 4° avec le Bassin Aquitain par le *seuil de Naurouze* (canal du Midi).

3. Climat. — Le climat est continental dans la plaine de la Saône ; en descendant le Rhône, on passe du climat encore *humide* et *brumeux* de Lyon dans la chaude *Provence ensoleillée*. Le *mistral*, vent de terre, souffle dans la vallée du Rhône.

4. Cours d'eau. — La **Saône** (Mâcon), rivière douce et paisible, née au seuil de Lorraine, reçoit le *Doubs* et, à Lyon, conflue avec le Rhône.

Fig. 63. — Le Rhône à Avignon.

Le **Rhône** (Valence, Avignon), désormais pourvu d'eau en hiver, mais toujours trop rapide, est grossi à gauche : de l'*Isère*, de la *Drôme* et de la *Durance* ; — à droite : de l'*Ardèche* et du *Gard*. Ces torrents *alpestres et cévenols* sont loin d'améliorer son régime bien que leurs crues ne concordent pas.

5. Géographie économique. — La plaine de la Saône produit des *céréales* (*blé, maïs*) ; les *vignobles* s'étagent sur les versants des coteaux de la Bourgogne et du Jura.

Dans la vallée du Rhône, on cultive aussi la *vigne*, on élève le *mûrier* (magnaneries) et les *arbres fruitiers*. — **Lyon** est un des principaux centres du groupe industriel lyonnais : l'activité lyonnaise s'étend jusque dans le Bas-Dauphiné.

6. Villes. — Les principales villes sont : — **Dijon** (74) et **Mâcon** : marchés *agricoles* et *vinicoles* ; — **Avignon** (48) ; — **Lyon** (472), centre d'attraction de tout le mouvement de la plaine de la Saône, troisième ville de France, *soieries renommées*.

7. Provinces et départements. — La région comprend : une partie de la **Franche-Comté**, de la **Bourgogne**, capitale *Dijon*, du **Lyonnais**, capitale *Lyon*, du **Dauphiné** et du **Comtat-Venaissin**, capitale *Avignon*.

Les départements formés, et qui ont leur chef-lieu dans le couloir, sont :

La **Haute-Saône**, chef-lieu *Vesoul* ; — la **Côte-d'Or**, chef-lieu *Dijon* ; — la **Saône-et-Loire**, chef-lieu *Mâcon* ; — l'**Ain**, chef-lieu *Bourg* ; — le **Rhône**, chef-lieu *Lyon* ; — la **Drôme**, chef-lieu *Valence* ; — le **Vaucluse**, chef-lieu *Avignon* (carte p. 63).

RÉSUMÉ

1. La ***région de la Saône et du Rhône*** occupe l'emplacement de l'ancien golfe méditerranéen.

C'est un long couloir de plaines au *climat continental* dans le Bassin de la Saône et plus chaud à mesure que l'on descend vers le sud.

2. La ***Saône***, grossie du *Doubs*, conflue avec le Rhône à Lyon. Le ***Rhône*** reçoit ensuite des affluents alpestres et cévenols.

Fig. 64. — La Place Carnot à Lyon.

3. La région est un pays *agricole* (céréales) et *vinicole* (vins de Bourgogne) ; c'est aussi un pays favorable à l'établissement de communications par eau. — Lyon est un des centres principaux du groupe industriel lyonnais : *soieries*.

4. Les villes importantes sont : ***Lyon, Dijon, Mâcon*** et ***Avignon***.

5. (Chefs-lieux des départements.)

Questionnaire et devoirs. — 1. Qu'occupe la région de la Saône et du Rhône ? — 2. Que comprend le Bassin de la Saône ? — 3. La vallée du Rhône ? — 4. Quel est le climat de la région ? — 5. Nommez les affluents de la Saône et du Rhône. — 6. Quelles sont les productions ? — 7. Les villes ? — 8. Citez les départements.

Cartographie. — Carte du couloir Rhône et Saône : relief, rivières, villes.

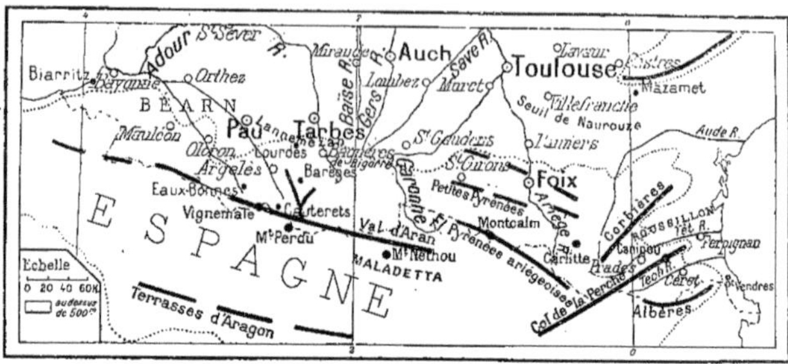

Région des Pyrénées.

9. — RÉGION MÉDITERRANÉENNE

1. Climat. — Le couloir **Saône-Rhône** s'ouvre au sud sur la ***région méditerranéenne.***

Ce qui fait l'unité de la région méditerranéenne, c'est le *climat* spécial des bords de la Méditerranée, chaud et sec en été, doux en hiver.

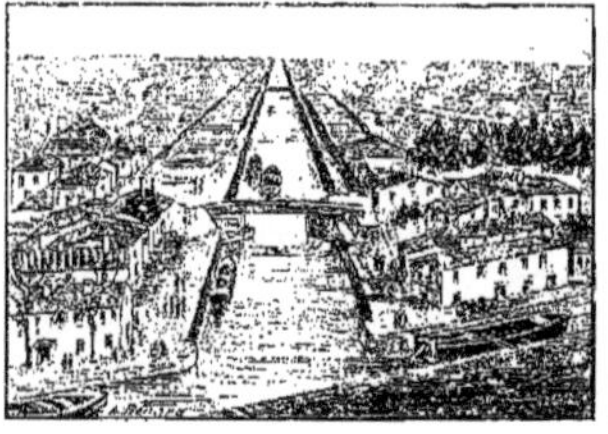

Fig. 65. — Aigues-Mortes (Bas-Languedoc).

2. Relief. — Mais le relief permet de distinguer deux parties dans la région : 1° le **Bas-Languedoc**, pays de *plaines*, et 2° la **Provence**, *montueuse*, calcaire au nord, granitique au sud (Massif d'Hyères : Maures, Esterel, etc.).

Ces pays sont séparés par le *delta du Rhône* (Camargue).

3. Cours d'eau. — Les cours d'eau ont le caractère de torrents. Ceux du Bas-Languedoc : *Aude, Hérault*, façonnent le littoral avec leurs alluvions. Ceux de Provence sont : l'*Arc*, l'*Argens* et le *Var*.

4. Côtes. — Les côtes sont *basses, rectilignes*, bordées d'*étangs* dans le Bas-Languedoc ; — en Provence elles sont *rocheuses, découpées* (étang de Berre, rades de Marseille et de Toulon), protégées par des îles (Hyères, Lérins), favorables en un mot à la vie maritime.

5. Géographie économique. — Le climat détermine l'aspect *dénudé* et *aride* du pays. — Il détermine aussi les cultures qui sont celles des *bords de la Méditerranée*. En Provence, l'*olivier*, le *mûrier*, l'*oranger*, le *palmier* poussent en terrasse ; en Languedoc, le *vin du Midi* est produit en abondance par les départements de l'**Aude**, de l'**Hérault** et du **Gard**.

Le centre industriel marseillais est très prospère. Les *parfums* sont fabriqués à Grasse (le pays des roses et des orangers).

6. Population et villes. — La population n'est dense que dans les villes. — En Provence, les principales villes sont sur le bord de la mer : — **Nice** (134), station hivernale très fréquentée sur la « Côte d'Azur » ; — **Toulon** (103), port de guerre ; — **Marseille** (517), premier port et deuxième ville de France : ne communique malheureusement avec le Rhône que par un chemin de fer et les voies navigables n'étendent pas vers l'intérieur son rayon d'action, mais elle a profité de la conquête de l'Algérie, du percement de l'isthme de Suez, de l'extension de notre domaine colonial en Extrême-Orient ; son port importe du *blé*, du *pétrole*, des *graines oléagineuses*, des *métaux*, du *riz*, de la *houille*, des *denrées coloniales* ; — il exporte le produit des *savonneries*, des *distilleries* et des *minoteries*.

En Languedoc, on ne trouve que le port artificiel de *Cette* (commerce des vins). — Les villes fuient le littoral malsain : *Nîmes* (80), *Montpellier* (77), *Béziers* (52), *Narbonne* (27) sont établies à l'intérieur du pays.

7. Provinces et départements. — La région méditerranéenne comprend : le **Comté de Nice**, capitale *Nice*, la plus grande partie de la **Provence**, capitale *Aix*, du **Languedoc** et du **Roussillon**.

Les départements formés, et qui ont leur chef-lieu dans la région, sont :

Les **Alpes-Maritimes**, chef-lieu *Nice* ; — le **Var**, chef-lieu *Draguignan* ; — les **Bouches-du-Rhône**, chef-lieu *Marseille* ; — le **Gard**, chef-lieu *Nîmes* ; — l'**Hérault**, chef-lieu *Montpellier*, — l'**Aude**, chef-lieu *Carcassonne* (carte p. 63).

Fig. 66. — Béziers (Hérault).

8. — *La Corse.*

1. L'île de Corse, séparée de la Sardaigne par le détroit de Bonifacio, doit être rattachée à la *région méditerranéenne*.

2. Le relief est *montagneux* (monts Cinto et Rotondo) avec une étroite plaine côtière plus développée à l'est.

3. Climat. — Des côtes vers l'intérieur, on passe par tous les climats.

4. Cours d'eau. — Les fleuves se développent surtout à l'est : *Golo* et *Tavignano*.

5. Côtes. — La côte occidentale, qui regarde la France, est *découpée* comme la côte provençale : elle a de *bons ports* ; — la côte orientale, malsaine comme celle du Bas-Languedoc, est *déserte* de juillet à l'automne : elle regarde l'Italie. — Ce fait explique que la France se soit établie assez facilement en Corse.

6. Productions. — Le pays est assez riche, mais ses ressources sont peu exploitées (*mines, plaines côtières fertiles*).

7. Villes. — Les villes principales sont : **Bastia** (27), ancienne capitale de la Corse, et **Ajac-**

cio (22), à 17 heures de Marseille, chef-lieu du département de la Corse.

RÉSUMÉ

1. La ***région méditerranéenne*** est déterminée par le climat *chaud* et *sec* des bords de la Méditerranée.

2. Elle comprend deux parties : 1° le ***Bas-Languedoc***, et 2° la ***Provence***, séparées par le delta du Rhône.

3. Les cours d'eau sont des torrents : *Aude, Hérault, Var*.

4. Les côtes sont *basses* et *alluviales* en Bas-Languedoc; *rocheuses et découpées* en Provence.

5. Les habitants cultivent surtout la *vigne* dans le Bas-Languedoc; ils s'adonnent à la *vie maritime*, au *commerce*, à l'*industrie* et aux cultures méditerranéennes en Provence.

6. Les principales villes de la Provence sont des ports : ***Marseille, Toulon, Nice***; — celles du Languedoc sont situées à l'intérieur du pays : *Nîmes, Montpellier*, etc.

7. (Chefs-lieux des départements.)

8. La ***Corse***, *pays montagneux* dont les ressources sont peu exploitées, doit être réunie à la région méditerranéenne. Le chef-lieu du département de la Corse est ***Ajaccio***.

Questionnaire et devoirs. — 1. Climat de la région méditerranéenne. — 2. Divisions. — 3. Cours d'eau. — 4. Géographie économique. — 5. Villes. — 6. Départements. — 7. Que savez-vous sur la Corse ?

CARTOGRAPHIE. — Carte de la région : côtes, relief, cours d'eau, villes.

10. — RÉGION DES PYRÉNÉES

1. **Les Pyrénées** sont dues au plissement de l'époque tertiaire qui a produit les *Alpes* : elles sont cependant *un peu plus vieilles* que les Alpes[1].

2. **Relief.** — Le *Val d'Aran*, situé au voisinage des hauts sommets, nous permet de diviser les Pyrénées en deux parties : 1° les *Pyrénées méditerranéennes* ; 2° les *Pyrénées atlantiques*.

1. Elles sont constituées au centre par des terrains cristallins avec deux bandes de terrains secondaires : l'une au nord, l'autre au sud (voir carte p. 25).

Les ***Pyrénées méditerranéennes*** comprennent des hauteurs différemment orientées : 1° du sud-ouest au nord-est : les *Albères* et le *Canigou* qui encadrent la plaine du Roussillon ; — le massif isolé de *Carlitte* séparé du Canigou par le col de la Perche ; — les *Corbières*, fragment détaché du Massif Central ; — 2° du sud-est au nord-ouest : les **Pyrénées Ariégeoises** (Montcalm : 3080 mètres) auxquelles se rattachent les *Petites-Pyrénées*.

Les ***Pyrénées atlantiques*** renferment les plus hauts sommets de la chaîne dans le *Massif de la Maladetta* (*Mont Néthou* : 3404 mètres); à l'ouest

Fig. 67. — Les Pyrénées (près de Cauterets).

de ce massif se dressent le *mont Perdu* et le *Vignemale*. Les Pyrénées atlantiques s'abaissent vers l'Océan. — Le plateau de *Lannemezan*, formé par les boues des Pyrénées, se rattache à la section atlantique.

3. **Comparaison avec les Alpes.** — Les Pyrénées sont *moins franchissables* que les Alpes, bien qu'elles aient de moins hauts sommets et des *glaciers moins étendus* ; elles ne s'abaissent qu'à leurs deux extrémités (chemins de fer de Perpignan à Barcelone, de Bordeaux à Madrid). — Elles tombent en *pente rude* sur la France, en *pente douce* sur l'Espagne.

4. **Climat.** — Le climat est *doux* dans les vallées, mais les étés sont *chauds* aux deux extrémités de la chaîne et surtout à l'est, dans les Pyrénées orientales, où il ne pleut fortement qu'en octobre et en novembre.

5. **Cours d'eau.** — Des Pyrénées descendent la *Têt*, l'*Aude*, l'*Ariège*, la **Garonne** née en Espagne au Val d'Aran, l'*Adour*.

6. **Côtes.** — Les côtes françaises *se relèvent* sur l'Atlantique et la Méditerranée au contact de la chaîne.

7. **Géographie économique.** — Dans les Pyrénées, on s'adonne à l'*élevage* (chevaux, moutons); le *maïs* est cultivé dans les vallées du Béarn, la *vigne* dans le Roussillon. — Les Pyrénées renferment du *marbre* et du *fer* (forges de l'Ariège). Les *eaux minérales* (Cauterets, Barèges, etc.) sont la *véritable industrie* de la région.

8. **Villes.** — Les principales villes se trouvent : 1° au contact de la montagne et de la plaine : **Perpignan** (38), marché agricole ; — **Tarbes** (25), commerce de *chevaux* ; — **Pau** (35), résidence d'hiver ; — 2° sur la mer, là où les côtes se relèvent : **Bayonne** (26), port de commerce à l'embouchure de l'Adour ; — **Biarritz** : belle plage ; — **Port-Vendres** : port demi-militaire sur la Méditerranée.

9. **Provinces et départements.** — La région pyrénéenne comprend : le **Béarn**, capitale *Pau*,

Fig. 68. — Biarritz.

le **comté de Foix**, capitale *Foix*, le **Roussillon**, capitale *Perpignan*, une partie de la **Gascogne** et du **Languedoc**.

Les départements formés, et qui ont leur chef-lieu dans la région, sont :

Les **Basses-Pyrénées**, chef-lieu *Pau* ; — les **Hautes-Pyrénées**, chef-lieu *Tarbes* ; — l'**Ariège**, chef-lieu *Foix*, — les **Pyrénées Orientales** chef-lieu *Perpignan* (carte p. 63).

RÉSUMÉ

1. Les ***Pyrénées***, comme les ***Alpes***, datent du plissement de l'époque tertiaire.

2. Elles comprennent deux parties :
1° les ***Pyrénées méditerranéennes*** (Canigou, Pyrénées ariégeoises);
2° les ***Pyrénées atlantiques*** (massif de la Maladetta, Vignemale).

3. Les eaux des Pyrénées alimentent la *Têt*, l'*Aude*, la ***Garonne*** et l'*Adour*.

4. Dans les Pyrénées, on se livre à l'*élevage*; on exploite les *carrières de marbre* et les *mines de fer*. Mais les *eaux minérales* constituent la véritable industrie de la région.

5. Les principales villes sont : ***Bayonne, Pau, Tarbes, Perpignan***.

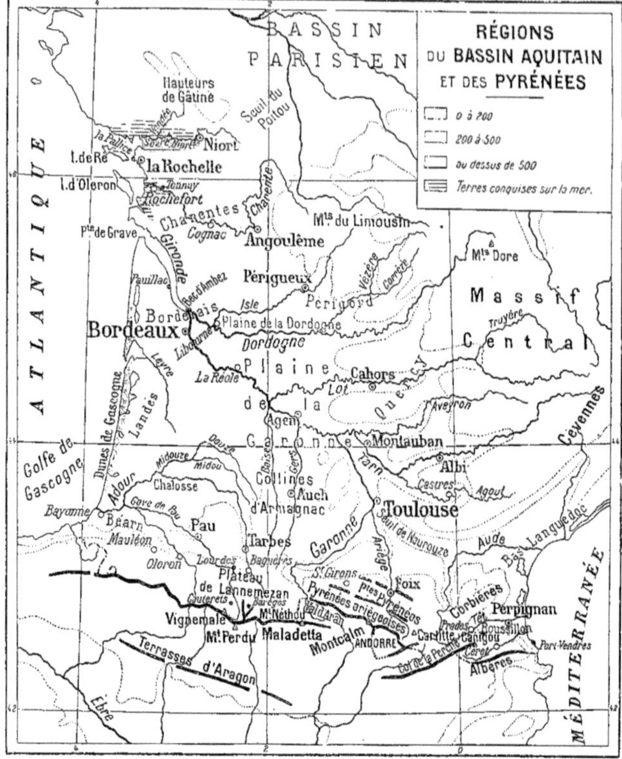

6. (Chefs-lieux des départements pyrénéens.)

Questionnaire et devoirs. — 1. De quelle époque datent les Pyrénées ? — 2. Forment-elles une chaîne continue avec une même orientation ? — 3. Division de la chaîne. — 4. Comparaison avec les Alpes — 5. Climat. — 6. Eaux courantes. — 7. Géographie économique. — 8. Villes. — 9. Départements.

CARTOGRAPHIE. — Les Pyrénées : indiquer les noms géographiques du résumé.

II. — RÉGION DU BASSIN AQUITAIN

1re LEÇON. — *Géographie physique.*

1. Aperçu géologique. — Cette région, unie au Bassin Parisien par le *seuil du Poitou* et au Bas-Languedoc par le *seuil de Naurouze*, est l'ancien golfe aquitain de la fin de l'époque secondaire.

Elle renferme des **terrains sédimentaires** : secondaires et tertiaires.

Relief. — La région est un pays de *plaines* ; elle comprend : 1° les *étendues sablonneuses* des Landes, plantées de *pins* ; — 2° les *vignobles* du **Bordelais** et des **Charentes** ; — 3° les *plaines fertiles* de la Dordogne et de la Garonne.

Cet ensemble de plaines, dont le thalweg[1] est la **Garonne**, a un double versant : l'un remonte vers les Pyrénées par les *collines d'Armagnac* ; l'autre, au nord-est, vers le Massif Central par les *terrasses calcaires du Périgord* et les *plateaux du Quercy*.

3. Climat. — *Le climat est maritime* à l'ouest, déjà *continental* autour de Toulouse. — Partout la chaleur est suffisante pour faire mûrir le *raisin*.

1. Ligne plus ou moins sinueuse au fond d'une vallée suivant laquelle se dirigent les eaux courantes, le milieu d'un cours d'eau.

4. Eaux courantes. — La **Garonne** traverse Toulouse, Agen, Bordeaux : elle reçoit : des Pyrénées : l'*Ariège* (Foix) ; du plateau de Lannemezan : le *Gers* (Auch) et la *Baïse* ; du Massif Central : le *Tarn* (Albi, Montauban) grossi de l'Aveyron, le *Lot* (Cahors), la *Dordogne* grossie de la Vézère-Corrèze et de l'Isle (Périgueux). — Si les eaux des Pyrénées évitent au fleuve les sécheresses de la Loire, la Garonne est néanmoins, comme la Loire, *sujette aux inondations*. Après son confluent avec la Dordogne, elle forme un *superbe estuaire* et prend le nom de **Gironde**.

Au nord de la Gironde, la *Charente* (Angoulême) se jette dans l'Atlantique : — au sud, les petits cours d'eau, empêchés par les sables, n'arrivent pas à la mer et forment un *chapelet d'étangs* ; — enfin l'*Adour* reçoit le Gave de Pau (Pau) descendu du **cirque de Gavarnie**.

5. Côtes. — La *côte diffère* au nord et au sud de l'embouchure de la Gironde. — Au Nord, flanquée des îles de *Ré* et d'*Oléron*, elle est couverte de *marais salants*, et la terre tend à gagner sur la mer grâce aux alluvions de la Gironde (Petite Flandre). — Au sud, à partir de la *pointe de Grave*, elle se dirige presque perpendiculairement aux Pyrénées : elle est *basse, sablonneuse*, bordée de *dunes* et d'*étangs* (Bassin d'Arcachon, golfe de Gascogne).

RÉSUMÉ

1. La ***région du Bassin Aquitain*** occupe l'emplacement de l'ancien golfe secondaire : les terrains seront secondaires et tertiaires.

2. C'est un pays de *plaines* : 1° *Bordelais* et *Charentes* ; 2° *plaine de la Garonne* ; 3° *plaine des Landes*.

3. Le *climat, maritime* à Bordeaux, devient de plus en plus *continental* à mesure que l'on se rapproche de Toulouse.

4. La Garonne passe à ***Toulouse, Agen*** et ***Bordeaux.*** Elle reçoit à gauche : du plateau de Lannemezan, le *Gers* et la *Baïse* ; — à droite, des Pyrénées, l'*Ariège* ; du Massif Central, le *Tarn* grossi de l'Aveyron, le *Lot*, la *Dordogne* et ses affluents. — A son confluent avec la Dordogne, la Garonne prend le nom de ***Gironde :*** elle se jette dans l'Océan.

Les fleuves côtiers sont : la *Charente* et l'*Adour* grossi du gave de Pau.

5. Les côtes gagnent sur la mer au nord de la Gironde ; elles sont flanquées des îles de *Ré* et d'*Oléron*. Au sud de la Gironde, elles sont *rectilignes, basses*, bordées de dunes.

Questionnaire et devoirs. — 1. Qu'entend-on par région du Bassin Aquitain ? — 2. Quelles sont les plaines de la région ? — 3. Que savez-vous sur le climat ? — 4. Sur les cours d'eau ? — 5. Sur les côtes ?

CARTOGRAPHIE. — Carte de la région du Bassin Aquitain : relief, rivières, côtes.

2e LEÇON. — *Géographie humaine*

1. Étude économique. — Le Bassin Aquitain est une *riche région agricole* ; mais, comme toutes les régions agricoles, il n'a qu'une densité de population inférieure à la moyenne de la France.

Il produit des *vins* (Bordelais, Charentes), des *eaux-de-vie* (Charente : Cognac, — Armagnac), des *céréales* et du *tabac* (plaine de la Garonne), des *pins* (Landes).

2. Villes et populations. — On rencontre, dans la région, trois ports de commerce : **Bordeaux** (252), troisième port de France, qui commerce avec l'*Amérique du Sud* et l'*Afrique occidentale*, mais qui tend malheureusement à s'ensabler (les gros navires s'arrêtent à *Pauillac*) ; — la **Rochelle** (33) complétée par le port de la Pallice creusé en eau profonde ; — Tonnay-Charente (4) ; — et un port de guerre : **Rochefort** (36).

Fig. 69. — La Rochelle.

Dans la plaine, **Toulouse** (149) est un marché considérable ; dans les *minoteries*, on écrase les *céréales* du Midi Aquitain ; la vie de la cité toulousaine est active et originale.

Le Midi, d'ailleurs, est exubérant de vie et d'originalité : Toulouse résume les caractères de la région.

3. Provinces et départements. — La région du Bassin Aquitain comprend : l'**Aunis**, capitale *La Rochelle*, la **Saintonge**, capitale *Saintes*, l'**Angoumois**, capitale *Angoulême* ; la plus grande partie de la **Guyenne**, capitale *Bordeaux*, et de la **Gascogne**, capitale *Auch* ; une partie du **Languedoc**, capitale *Toulouse*.

Les départements formés, et qui ont leur chef-lieu dans la région, sont :

La **Charente-Inférieure**, chef-lieu *La Rochelle* ; — la **Charente**, chef-lieu *Angoulême* ; — la **Dordogne**, chef-lieu *Périgueux* ; — le **Lot**, chef-lieu *Cahors* ; — le **Tarn**, chef-lieu *Albi* ; — la **Haute-Garonne**, chef-lieu *Toulouse* ; — le **Gers**, chef-lieu *Auch* ; — les **Landes**, chef-lieu *Mont-de-Marsan* ; — la **Gironde**, chef-lieu *Bordeaux* ; — le **Lot-et-Garonne**, chef-lieu *Agen* ; — le **Tarn-et-Garonne**, chef-lieu *Montauban* (carte p. 63).

RÉSUMÉ

1. La *région du Bassin Aquitain* est un pays essentiellement *agricole* : *vins du Bordelais*, *blés* de la vallée de la Garonne, *pins maritimes* des Landes, *tabac*.

2. Les villes importantes sont : ***Bordeaux*** : 3e port de commerce de France, — ***Rochefort*** : port militaire, — ***Toulouse*** : ville très commerçante, *minoteries*.

3. (Chefs-lieux des dép. formés.)

Fig. 70. — La Dordogne et le tertre de Fronsac (près Libourne).

Questionnaire et devoirs. — 1. Quelles sont les productions agricoles du Bassin Aquitain ? — 2. Quelles sont les villes importantes de la région ? — 3. Quels sont, avec leurs chefs-lieux, les départements de la région du Bassin Aquitain ?

CARTOGRAPHIE. — Carte du Bassin Aquitain : régions agricoles, villes importantes.

IV. — POSSESSIONS FRANÇAISES

LECTURE

INTRODUCTION : Utilité des colonies. — Les colonies sont des territoires que les *peuples de l'Europe*[1] possèdent dans les cinq parties du monde. — Les colonies fournissent divers produits et des matières premières : **coton, soie, café, épices, bois précieux, métaux**, etc. ; elles procurent des débouchés pour les produits manufacturés en Europe, tels que : **soieries, cotonnades, machines, armes, outils**, etc. En un mot, elles développent la marine et le commerce par l'*importation* et l'*exportation*. Elles offrent, en outre, à l'excédent de la population de la métropole, une patrie nouvelle.

Historique. — Par l'étendue de son *domaine colonial*, la France vient après l'Angleterre.

L'Angleterre n'a fait qu'accroître son empire d'outre-mer ; elle nous distance de loin. — Pourtant, au XVIIe siècle, nous avions un domaine colonial *plus considérable* que le sien. Ce domaine, fondé par les soins de *François Ier*, de *Henri IV*, de *Richelieu* et de *Colbert*, fut perdu à la fin du règne de Louis XV (*Inde, Canada*).

En 1870 nous possédions seulement l'*Algérie*, les *côtes du Sénégal*, un petit comptoir au *Gabon*, la *Cochinchine*, les 5 villes de l'Inde et nos possessions actuelles d'Amérique.

C'est la 3e République qui a le plus étendu notre domaine colonial en *Asie* et en *Afrique*.

Aujourd'hui, notre première colonie est l'**Algérie-Tunisie** (colonie de peuplement) ; la seconde est l'**Indo-Chine**, plus peuplée, mais qui ne peut être qu'une *colonie d'exploitation*.

1. Les États-Unis de l'Amérique du Nord possèdent aussi des colonies (Philippines, Porto-Rico, Samoa).

1re LEÇON. — *Colonies d'Afrique : Algérie-Tunisie.*

1. Au nord de l'Afrique, la France possède une partie de la région de l'Atlas : c'est l'**Algérie et la Tunisie**.

Ces deux pays sont séparés de la France par la Méditerranée. Le premier fut conquis à partir de 1830 ; le second est placé sous notre protectorat depuis 1884.

2. Relief du sol. — L'Algérie-Tunisie

Fig. 71. — Carte physique de la région de l'Atlas.

comprend 3 parties : 1° le **Tell**, région fertile, couverte de petits *massifs montagneux* ; 2° les **Hauts-Plateaux**, région unie, parsemée de *chotts*[1] ; les Hauts-Plateaux sont limités au sud par

1. Lacs d'eau salée, desséchés pendant la saison sèche.

la chaîne saharienne de l'*Atlas* dont le principal massif est l'*Aurès*; — 3° le **Sahara**, au sud de la chaîne saharienne : c'est un *désert de roches*, de *plateaux arides* et de *sables* avec quelques *oasis*.

Fig. 72. — Chameaux venant du Sud.

3. Côtes. — La côte se dirige d'abord de l'ouest à l'est; elle est *escarpée* surtout au contact des parties appelées *Kabylie* en Algérie et *Kroumirie* en Tunisie. — A partir du cap Bon, elle se dirige vers le sud; elle est alors généralement *basse*, bordée de *dunes* et de *bancs de sable* jusqu'à la frontière tripolitaine.

4. Climat. — Le climat varie avec les régions. Dans le *Tell*, il rappelle celui de la région méditerranéenne française. *Rude* sur les Hauts-Plateaux, il devient très inégal et *très sec* dans le Sahara.

5. Cours d'eau. — Les cours d'eau appartiennent presque tous au Tell. Difficilement navigables, ils servent à fertiliser le pays au moyen de l'eau que retiennent des barrages et que distribuent des canaux. Les deux principaux sont le *Chélif* en Algérie et la *Medjerda* en Tunisie; nés dans la Chaîne Saharienne, ils descendent des Hauts-Plateaux.

Sur les Hauts-Plateaux, les maigres cours d'eau ont souvent de la peine à atteindre les chotts.

Dans le Sahara, on ne distingue que le lit des rivières qui ont dû être très puissantes. Leur cours, aujourd'hui, est *souterrain* (puits artésiens : oasis); mais, si parfois la pluie tombe abondamment, elles deviennent encore pendant quelques heures des *torrents formidables*.

6. Géographie économique. — **La France africaine** est essentiellement *agricole*. Le Tell fournit du *blé* (marché de Constantine) et du *vin*. Les Hauts-Plateaux donnent de l'*alfa*; on y élève des *chevaux* et des *moutons*. Le Sahara produit des *dattes* dans les oasis et nourrit des *dromadaires*.

Le sous-sol de l'Algérie-Tunisie renferme du *fer*; mais, la *houille* manquant, on ne peut le travailler avec facilité.

Le commerce extérieur de l'Algérie se fait surtout avec la France qui achète ses *produits agricoles*, ses *minerais* et lui vend des *produits manufacturés*.

Parallèlement à la côte, *un chemin de fer* met en communication Oran, Alger, Constantine et Tunis; des embranchements se dirigent vers le sud : le principal atteint le sud-marocain.

7. Population et villes importantes. — L'Algérie est peuplée de 5 232 000 habitants dont 4 501 000 *indigènes*; la Tunisie compte 1 900 000 habitants dont 1 750 000 *indigènes*.

Les villes importantes sont : 1° en ***Algérie***, les ports d'**Oran**, d'**Alger**, de **Bougie**, de **Philippeville** et de **Bône**; — **Constantine** : bâtie sur un rocher, marché à blé; — 2° en ***Tunisie*** : **Tunis**, capitale de la régence de Tunis et *Sfax*, ports aménagés par la France; — **Bizerte** : rade intérieure, *port militaire*; — *Kairouan* : ville sainte des musulmans.

8. Gouvernement et administration. — En Algérie, les 3 départements d'**Oran**, chef-lieu *Oran* (100); d'**Alger**, chef-lieu *Alger* (138); de **Constantine**, chef-lieu *Constantine* (46) nomment au parlement des *députés* et des *sénateurs*.

Un *gouverneur général* civil centralise l'autorité à Alger.

Quant à la Tunisie, elle est gouvernée par un *bey* assisté d'un *résident général* français. — Nos troupes occupent le pays.

La **France**, de concert avec l'**Espagne**, a été chargée, par l'Europe, d'*organiser la police au Maroc*. — Nous avons des intérêts importants dans les pays sahariens situés au sud-est du Maroc et dans le Maroc lui-même.

RÉSUMÉ

1. L'***Algérie-Tunisie*** comprend 3 régions naturelles : le *Tell*, les *Hauts-Plateaux* limités au sud par la chaîne saharienne de l'Atlas, le *Sahara*.

2. Les côtes se dirigent d'*ouest en est*, puis du *nord au sud* à partir du cap *Bon*.

3. Les principaux fleuves sont : le *Chélif* en Algérie et la *Medjerda* en Tunisie.

4. Le Tell produit du *vin* et du *blé*. Les Hauts-Plateaux donnent de l'*alfa*; on y élève des *moutons*. Le Sahara est un *désert* avec quelques *oasis* qui produisent des *dattes*.

5. L'Algérie a formé 3 départements : ***Oran***, ***Alger*** et ***Constantine***; — la ***Tunisie***, capitale *Tunis*, est gouvernée par un ***bey*** assisté d'un *résident général français*.

Questionnaire et devoirs. — 1. Quelles sont les régions de l'Algérie-Tunisie ? — 2. Quels sont les fleuves ? — 3. Quelle est la direction des côtes ? — 4. Quelles sont les productions de l'Algérie-Tunisie ? — 5. Que savez-vous sur la géographie politique ?

Cartographie. — Carte de l'Algérie-Tunisie : relief, rivières, côtes, villes.

2e LEÇON. — *Autres colonies d'Afrique.*

1. La France possède encore en Afrique (côte atlantique) :

1° La **Mauritanie**.

2° Le **Sénégal**, chef-lieu *Saint-Louis* (20), port dans une île; v. p. *Dakar*, port de relâche, et *Gorée* dans l'île voisine de ce nom.

3° La **Guinée française**, chef-lieu *Konakry*.

Les *productions* du Sénégal et de la Guinée sont : la *gomme*, l'*arachide* qui fournit de l'huile.

4° Le **Soudan français** et le **Sahara français** s'étendant entre l'Algérie, la Tunisie, le lac Tchad et le cours supérieur du Niger, villes principales *Bamakou*, *Ségou* sur le Niger, *Tombouctou*.

5° La **Côte-d'Ivoire**, v. pr. : *Bingerville* et *Assinie*, comptoirs et ports.

6° Le **Dahomey**, v. pr. : *Porto-Novo* et *Abomey*.

7° Le **Gabon et le Congo français**, situés sous l'Équateur, entre le cours moyen du Congo et l'Atlantique, villes principales : *Libreville*, *Brazzaville* et *Franceville*. — Le Congo est relié au Soudan, le long de l'*Oubangui*, affluent du **Congo**, par les territoires militaires (pays du Tchad) qui s'étendent jusqu'au domaine fluvial du Nil (convention franco-anglaise de 1898).

Remarque. — Le *Sénégal*, la *Guinée française*, le *Soudan* ou *Haut-Sénégal et Niger*, la *Côte d'Ivoire*, le *Dahomey* et la *Mauritanie* forment le gouvernement de **l'Afrique occidentale française**, sorte d'empire fédératif, qui a pour capitale ***Dakar***.

2. Nos possessions de l'Océan Indien comprennent :

1° A l'entrée de la mer Rouge, les ports d'**Obock** (important dépôt de charbon), de **Tadjourah** et de **Djibouti**.

2° La grande île de **Madagascar** (2 600 000 habitants), capitale *Tananarive*, villes principales *Tamatave* et *Majunga*, ports de commerce; *Diégo-Suarez*, port militaire; les îles *Mayotte*, *Nossi Bé*, *Sainte-Marie*, de la *Réunion* (175 000 habitants), chef-lieu Saint-Denis, villes principales Saint-Pierre et Saint-Paul.

L'**île Madagascar**, conquise définitivement en 1895, est peuplée de *Hovas* au nord-est et de *Sakalaves* au sud-est; elle produit des *bestiaux*, des *gommes*, du *caoutchouc*, etc. On y trouve de la *poudre d'or*.

La Réunion, île très florissante, produit en abondance : le *café*, la *canne à sucre*, la *vanille*, les *muscades*, le *rhum*.

RÉSUMÉ

1. En Afrique, outre l'***Algérie-Tunisie***, la France possède : le ***Sénégal***, ch.-l. *Saint-Louis*; le ***Soudan français***, v. p. *Tombouctou*; la ***Guinée française***, v. pr. *Konakry*; la ***Côte d'Ivoire***; le ***Dahomey***; la ***Mauritanie***.

2. Le ***Congo***, ch.-l. *Brazzaville*, se relie au Soudan à l'est du Tchad.

3. Dans l'*Océan Indien*, nous sommes établis à ***Madagascar***, cap. *Tananarive*, à la ***Réunion*** et dans la baie de ***Tadjourah*** (*Obock-Djibouti*).

Questionnaire et devoirs. — 1. Quelles sont nos autres colonies d'Afrique ? — 2. Le Congo se relie-t-il au Soudan ? — 3. Quelles sont nos possessions de l'Océan Indien ?

Cartographie. — Carte d'Afrique : y indiquer les possessions françaises.

3e LEÇON. — *Colonies d'Asie.*

1. La France possède :

1° Dans l'**Inde**, les cinq villes ou comptoirs de *Pondichéry*, chef-lieu de nos possessions, *Karikal*, *Yanaon*, *Chandernagor* et *Mahé*, au total 300 000 habitants.

2° Dans l'**Indo-Chine**, un empire de 18 millions d'habitants qui comprend :

a) La **Cochinchine**, région basse, insalubre, mais *fertile*, formée du delta du fleuve Mékong (2 000 000 habitants), capitale *Saïgon*, bon port fluvial ;

b) Le **Tonkin**, traversé par le fleuve *Rouge* (15 000 000 habitants), capitale *Hanoï* (150), port ; ville principale *Haï-Phong* : excellent port ;

c) Le royaume d'**Annam** (3 000 000 habitants), pays montagneux, capitale *Hué* ;

d) Le **Laos** français situé sur la rive gauche du fleuve Mékong, v. p. *Louang-Prabang*.

Fig. 73. — Pagode royale de Pnom-Penh.

e) Le royaume de **Cambodge** (1 000 000 hab.), capitale *Pnom-Penh*.

Les trois derniers pays sont sous le *protectorat de la France*.

Ces contrées produisent en abondance du *riz* (Cochinchine et Tonkin), du *café*, de l'*indigo*, du *coton*, du *sucre*. Le Tonkin renferme de la *houille*. L'Indo-Chine française fait un commerce actif avec la *Chine* et l'*Europe*.

RÉSUMÉ

1. La France possède en Asie : 1° cinq comptoirs dans l'Inde ; 2° l'***Indo-Chine*** française qui comprend : le ***Tonkin***, cap. *Hanoï* ; l'***Annam***, cap. *Hué* ; la ***Cochin-***

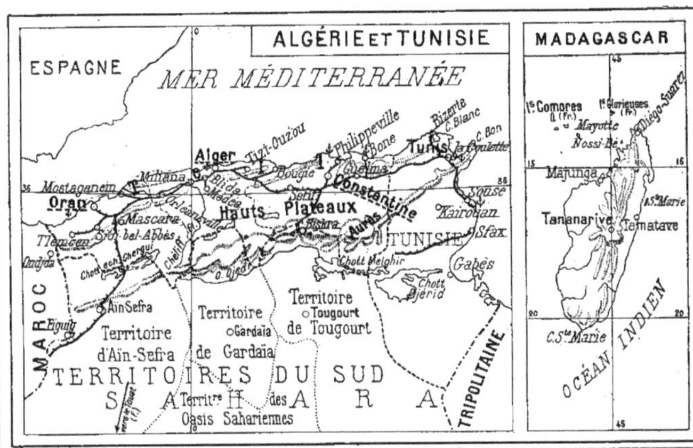

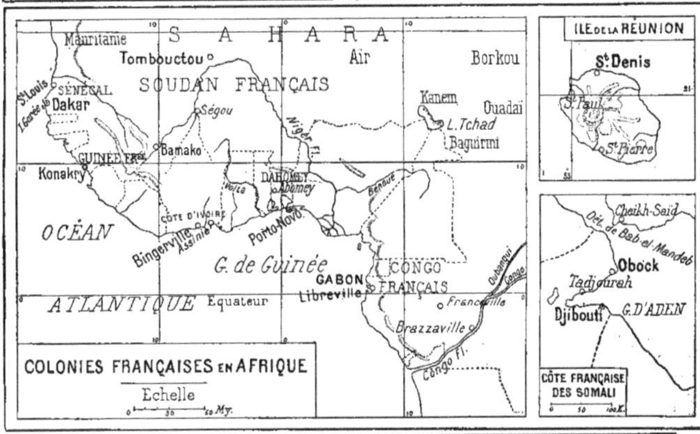

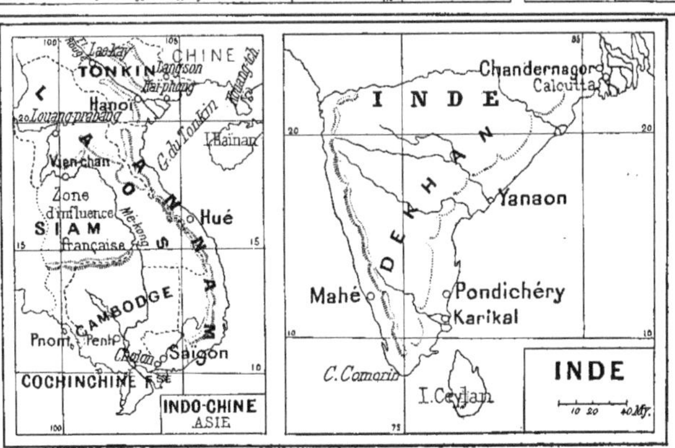

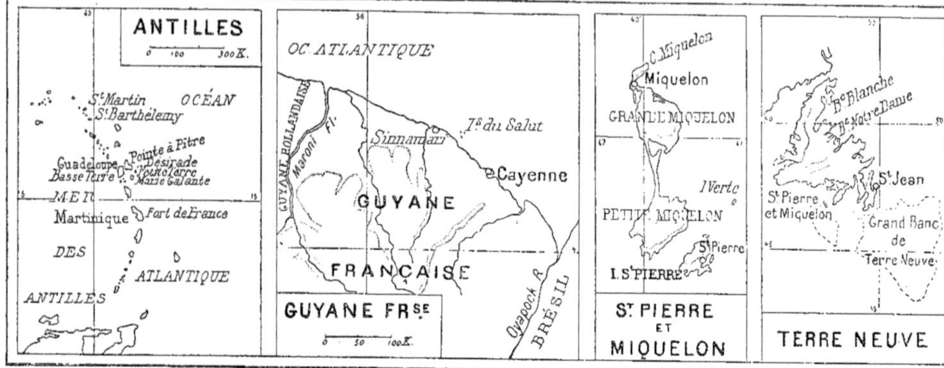

chine, cap. Saïgon, le ***Cambodge*** et le ***Laos français.***

2. Le Tonkin et la Cochinchine sont des pays à *riz*.

Questionnaire et devoirs. — 1. Quelles sont les possessions françaises de l'Inde ? — 2. De l'Indo-Chine ? — 3. Quels sont les pays à riz ?

CARTOGRAPHIE. — Possessions d'Asie.

4e LEÇON. — *Colonies d'Amérique et d'Océanie.*

1. *Amérique.* — La France possède en Amérique :

1° Au nord du Brésil, la **Guyane** française, capitale *Cayenne*, région basse, chaude, *insalubre*, mais *fertile* ; lieu de déportation.

2° Quelques-unes des **Petites Antilles** dont les plus importantes sont : la **Guadeloupe**, chef-lieu *Basse-Terre*, centre commercial, et la **Martinique**, chef-lieu *Fort-de-France*, bon port.

Les productions des Antilles sont : le *café*, le *rhum*, le *sucre*, le *cacao*, etc.

3° Dans l'***Amérique du Nord :*** **Saint-Pierre** et **Miquelon**, près de Terre-Neuve (pêche de la morue).

2. *Océanie.* — La France possède dans l'Océan Pacifique : 1° la **Nouvelle-Calédonie**, tempérée, fertile (*café, belles forêts*) et dont le sous-sol renferme du *nickel*, chef-lieu *Nouméa* (colonie pénitentiaire) ; — 2° une série de *petits archipels* et d'*atolls*[1] répartis sur une grande surface : parmi ces îles, la principale est **Taïti**, au climat très salubre ; les autres sont les **Marquises**, **Touamotou**, **Gambier**, etc.

RÉSUMÉ

1. En ***Amérique***, la France possède :

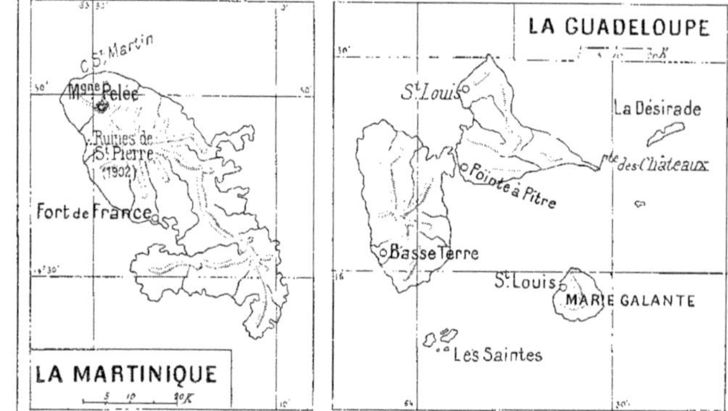

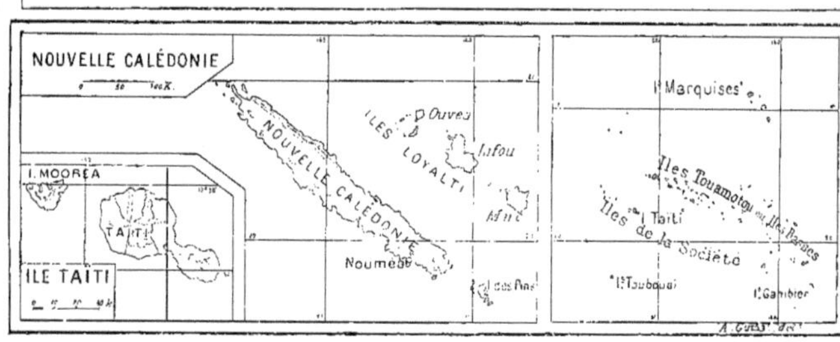

la *Guyane*, la *Guadeloupe* et la *Martinique*, les îles *Saint-Pierre* et *Miquelon*.

2. En ***Océanie***, nous avons la *Nouvelle-Calédonie* et de nombreuses îles dont la principale est *Taïti*.

Questionnaire et devoirs. — 1. Que possède la France dans l'Amérique du Sud ? — 2. Dans les Antilles ? — 3. Près de Terre-Neuve ? — 4. En Océanie ?

CARTOGRAPHIE. — 1° Les Antilles françaises. 2° La Guyane.

1. Iles annulaires formées par des coraux.

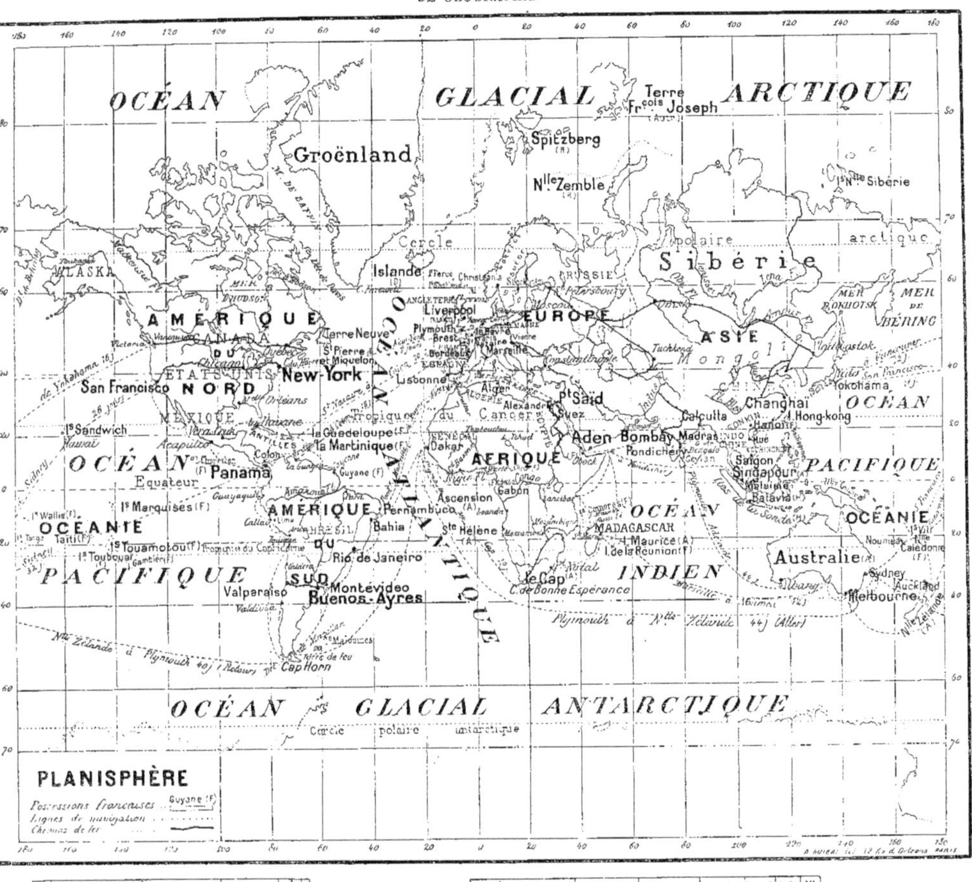

France	Italie	Espagne	A	All	R
48	35	25	6	4	3

1. — Production du Vin
en millions d'hectolitres

États-Unis	Russie	France	Inde	Hongrie	Italie	All
195	122	107	87	52	46	40

2. — Production du Blé (1900)
en millions d'hectolitres

États-Unis	Angleterre	Allemagne	A	F	B
266	230	150	33	31	22

3. — Production de la Houille (1902)
en millions de tonnes

Angleterre	États-Unis	All	R	F
45	18	8	6½	5½

4. — Production des cotonnades
en millions de broches

États-Unis	Angleterre	Allemagne	Espagne	France
35	13,9	13,9	7,9	7

5. — Production du Fer (1904)
en millions de tonnes

Angleterre	All	É-U	N	F	I
9,1	1,7	1,1	0,6	0,6	0,4

6. — Marines marchandes
en millions de tonneaux vapeur

Russie d'Europe	Allemagne	Autriche	Angleterre	France	Italie
110	60	45	43	39	33

7. — Population (1907)
en millions d'habitants.

Légende
A — Autriche
All — Allemagne
B — Belgique
E-U — États-Unis
I — Italie
N — Norvège
R — Russie

Fig. 74. — Tableau comparatif (vin, blé, houille, etc.).

LES DÉPARTEMENTS FRANÇAIS

DÉPARTEMENTS	CHEFS-LIEUX	SOUS-PRÉFECTURES
1. MASSIF CENTRAL.		
Allier.	Moulins.	Montluçon, La Palisse, Gannat.
Creuse.	Guéret.	Boussac, *Aubusson*, Bourganeuf.
Haute-Vienne.	*Limoges.*	Bellac, Rochechouart, Saint-Yriex.
Aveyron.	Rodez.	Espalion, Villefranche-de-Rouergue, Millau, Saint-Affrique.
Lozère.	Mende.	Marvéjols, Florac.
Haute-Loire.	Le Puy.	Brioude, Yssingeaux.
Loire.	*Saint-Étienne.*	Roanne, Montbrison.
Puy-de-Dôme.	*Clermont-Ferrand.*	Riom, Thiers, Ambert, Issoire.
Corrèze.	Tulle.	Ussel, Brive.
Cantal.	Aurillac.	Mauriac, Murat, Saint-Flour.
Ardèche.	Privas.	Tournon, Largentière.
2^{1}. BASSIN PARISIEN (partie orientale).		
Aisne.	Laon.	*Saint-Quentin*, Vervins, Soissons, Château-Thierry.
Marne.	Châlons-sur-Marne.	*Reims*, Sainte-Menehould, Epernay, Vitry-le-François.
Haute-Marne.	Chaumont.	Wassy, Langres.
Aube.	*Troyes.*	Arcis-sur-Aube, Nogent-sur-Seine, Bar-sur-Aube, Bar-sur-Seine.
Yonne.	Auxerre.	Sens, Joigny, Tonnerre, Avallon.
Seine-et-Marne.	Melun.	Meaux, Coulommiers, Provins, Fontainebleau.
Seine-et-Oise.	Versailles.	Pontoise, Mantes, Rambouillet, Corbeil, Etampes.
Seine.	*PARIS.*	
Eure-et-Loir.	Chartres.	Dreux, Nogent-le-Rotrou, Châteaudun.
2^{2}. BASSIN PARISIEN (partie occidentale).		
Oise.	Beauvais.	Compiègne, Clermont, Senlis.
Seine-Inférieure.	*Rouen.*	Dieppe, Neuchâtel, Yvetot, *Le Havre.*
Eure.	Évreux.	Pont-Audemer, Les Andelys, *Louviers*, Bernay.
Calvados.	*Caen.*	Bayeux, Pont-l'Evêque, Lisieux, Falaise, Vire.
Orne.	Alençon.	Argentan, Domfront, Mortagne.
2^{3}. BASSIN PARISIEN (plaines de la Loire).		
Maine-et-Loire.	*Angers.*	Segré, Baugé, Saumur, Cholet.
Sarthe.	*Le Mans.*	Mamers, Saint-Calais, La Flèche.
Loir-et-Cher.	Blois.	Vendôme, Romorantin.
Loiret.	*Orléans.*	Pithiviers, Montargis, Gien.
Nièvre.	Nevers.	Clamecy, Cosne, Château-Chinon.
Cher.	*Bourges.*	Sancerre, Saint-Amand.
Indre.	Châteauroux.	Issoudun, Le Blanc, La Châtre.
Vienne.	Poitiers.	Loudun, Châtellerault, Montmorillon, Civray.
Indre-et-Loire.	*Tours.*	Chinon, Loches.
3. RÉGION DU NORD.		
Nord.	*Lille.*	*Dunkerque*, Hazebrouck, Douai, Valenciennes, Cambrai, Avesnes.
Pas-de-Calais.	Arras.	Saint-Omer, *Boulogne*, Béthune, Montreuil, Saint-Pol.
Somme.	*Amiens.*	Doullens, Abbeville, Péronne, Montdidier.
4. RÉGION DU NORD-EST.		
Ardennes.	Mézières.	Rocroy, *Sedan*, Rethel, Vouziers.
Meuse.	Bar-le-Duc.	Montmédy, Verdun, Commercy.
Meurthe-et-Moselle.	*Nancy.*	Briey, Toul, Lunéville.
Vosges.	*Epinal.*	Neufchâteau, Mirecourt, Saint-Dié, Remiremont.
5. OUEST (Bretagne-Vendée).		
Finistère.	Quimper.	Morlaix, *Brest*, Châteaulin, Quimperlé.
Côtes-du-Nord.	Saint-Brieuc.	Lannion, Guingamp, Dinan, Loudéac.
Morbihan.	Vannes.	Pontivy, Ploermel, *Lorient.*
Ille-et-Vilaine.	*Rennes.*	Saint-Malo, Fougères, Vitré, Montfort, Redon.
Manche.	Saint-Lô.	*Cherbourg*, Valognes, Coutances, Avranches, Mortain.
Mayenne.	Laval.	Mayenne, Château-Gontier.
Deux-Sèvres.	Niort.	Bressuire, Parthenay, Melle.
Vendée.	La Roche-sur-Yon.	Les Sables-d'Olonne, Fontenay-le-Comte.
Loire-Inférieure.	*Nantes.*	Châteaubriant, Ancenis, *Saint-Nazaire*, Paimbœuf.
6. ALPES.		
Haute-Savoie.	Annecy.	Thonon, Saint-Julien, Bonneville.
Savoie.	Chambéry.	Albertville, Moutiers, Saint-Jean-de-Maurienne.
Isère.	*Grenoble.*	La Tour-du-Pin, Vienne, St-Marcellin.
Hautes-Alpes.	Gap.	Briançon, Embrun.
Basses-Alpes.	Digne.	Barcelonnette, Sisteron, Forcalquier, Castellane.
7. JURA.		
Territoire de Belfort.	*Belfort.*	
Doubs.	*Besançon.*	Montbéliard, Baume-les-Dames, Pontarlier.
Jura.	Lons-le-Saulnier.	Dôle, Poligny, Saint-Claude.
8. COULOIR SAÔNE-RHÔNE.		
Haute-Saône.	Vesoul.	Lure, Gray.
Côte-d'Or.	*Dijon.*	Châtillon-sur-Seine, Semur, Beaune.
Saône-et-Loire.	*Mâcon.*	Autun, Châlon-sur-Saône, Louhans, Charolles.
Ain.	Bourg.	Gex, Nantua, Trévoux, Belley.
Rhône.	*Lyon.*	Villefranche.
Drôme.	Valence.	Die, Montélimar, Nyons
Vaucluse.	*Avignon.*	Orange, Carpentras, Apt.
9. RÉGION MÉDITERRANÉENNE.		
Aude.	Carcassonne.	Castelnaudary, *Narbonne*, Limoux.
Hérault.	*Montpellier.*	Lodève, Saint-Pons, *Béziers.*
Gard.	*Nîmes.*	*Alais*, Uzès, Le Vigan.
Bouches-du-Rhône.	*Marseille.*	Arles, Aix.
Var.	Draguignan.	Brignoles, *Toulon.*
Alpes-Maritimes.	*Nice.*	Puget-Théniers, Grasse.
Corse.	*Ajaccio.*	*Bastia*, Calvi, Corte, Sartène.
10. PYRÉNÉES.		
Basses-Pyrénées.	*Pau.*	Orthez, *Bayonne*, Mauléon, Oloron.
Hautes-Pyrénées.	*Tarbes.*	Bagnères-de-Bigorre, Argelès.
Ariège.	Foix.	Pamiers, Saint-Girons.
Pyrénées-Orientales.	*Perpignan.*	Prades, Céret.
11. BASSIN AQUITAIN.		
Charente-Inférieure.	*La Rochelle.*	Saint-Jean-d'Angély, *Rochefort*, Marennes, Saintes, Jonzac.
Charente.	Angoulême.	Ruffec, Confolens, Cognac, Barbezieux.
Dordogne.	Périgueux.	Nontron, Ribérac, Sarlat, Bergerac.
Lot.	Cahors.	Gourdon, Figeac.
Tarn.	Albi.	Gaillac, Lavaur, Castres.
Haute-Garonne.	*Toulouse.*	Muret, Villefranche-de-Lauragais, Saint-Gaudens.
Gers.	Auch.	Condom, Lectoure, Lombez, Mirande.
Landes.	Mont-de-Marsan.	Saint-Sever, Dax.
Gironde.	*Bordeaux.*	Lesparre, Blaye, Libourne, La Réole, Bazas.
Lot-et-Garonne.	Agen.	Marmande, Villeneuve-sur-Lot, Nérac.
Tarn-et-Garonne.	Montauban.	Moissac, Castelsarrasin.

NOTA. — On a placé les sous-préfectures suivant leur position géographique en allant du nord au sud. Les villes les plus importantes sont en italique.

APPENDICE

1. — La découverte du globe.

Les Anciens ne connaissaient guère que la géographie des *États riverains de la Méditerranée*; au XIIIe siècle, *Marco Polo*, de Venise, traversait l'**Asie** et atteignait la *Chine*.

Deux siècles plus tard, *Christophe Colomb*, navigateur génois au service de l'Espagne, découvrait l'**Amérique** en cherchant une route vers l'Ouest pour se rendre en Chine.

Vers la même époque, *Vasco de Gama*, un Portugais, trouvait la **route des Indes** en franchissant le cap de *Bonne-Espérance*, au sud de l'Afrique, et *Magellan*, autre Portugais, faisait le premier le *tour du monde*, en passant par le détroit qui porte son nom, au sud de l'Amérique. En revenant par les îles *Philippines* et le cap de *Bonne-Espérance*, l'équipage rentra seul en Europe, car Magellan avait été tué aux îles Philippines.

Au XVIIe siècle, les côtes du **continent australien** furent touchées par les navigateurs ; au XVIIIe siècle, l'Anglais *Cook* et le Français *La Pérouse* découvraient la plupart des **îles de l'Océanie**.

Mais c'est surtout au XIXe siècle que nous trouvons de *nombreux explorateurs* parmi lesquels nous citerons l'Anglais *Livingstone*, l'Américain *Stanley*, et les Français *Soleillet*, *Savorgnan de Brazza*, *Binger*, *Monteil*, *Gentil* (mission Foureau-Lamy), qui ont pénétré jusqu'au centre de l'**Afrique**.

2. — Les voies de communication à travers le monde.

Parmi les révolutions d'ordre économique qui se sont produites au XIXe siècle, une des plus importantes, la plus féconde peut-être en conséquences, a été le *progrès des voies et moyens de communication* : voies *maritimes*, voies *fluviales*, voies *ferrées*, le tout doublé d'un *réseau télégraphique* très étendu. — Ce sont les *nécessités du commerce* qui en ont déterminé les directions.

Il y a sur le globe 3 centres de population et par cela même trois grands centres de commerce : 1° **Europe centrale et occidentale** ; 2° **Amérique du Nord** (*Canada*, *États-Unis*) et en second lieu, **Amérique du Sud** ; 3° **Extrême-Orient**.

Entre ces différents centres, il y a un lien, c'est l'**Europe** (*Iles Britanniques*, *France*, *Belgique*, *Allemagne*).

Les **voies de communication** se complètent : les *voies maritimes* viennent aboutir où commencent les *voies ferrées* et *fluviales* et réciproquement.

1. Voies de communication entre Europe et Amérique. — Les voies de communication les plus importantes du globe relient l'*Europe* à l'*Amérique* et surtout aux *États-Unis*.

Londres, Liverpool (Angleterre), **Hambourg** (Allemagne), **Anvers** (Belgique), **le Havre, Bordeaux** envoient leurs navires vers *New-York*, les *Antilles*, l'*Amérique Centrale* et *Buenos-Ayres*.

Les différentes *lignes de navigation* aboutissent aux *lignes transcontinentales américaines* (États-Unis, etc.). Ce réseau est complété par le *réseau fluvial* dirigé du nord au sud (Mississipi, etc.).

Le débouché des lignes de l'*Amérique Centrale* sera prochainement ouvert (**Canal de Panama**).

En face des *voies maritimes de l'Amérique du Sud*, on trouve : 1° le *réseau fluvial de l'Amazone* et de *La Plata* ; 2° le *chemin de fer transandin aboutissant à Valparaiso* (Chili).

2. Voies de communication entre Europe et Asie. — La *voie maritime* est la **Méditerranée** et l'**Océan Indien** (*canal de Suez*).

Par là on atteint l'**Australie** et des pays très peuplés : **Inde, Indo-Chine, Chine** et **Japon**. — L'Inde et le Japon mis à part, on ne rencontre pas de réseaux ferrés bien développés à l'aboutissement des lignes maritimes, mais les *fleuves chinois sont très navigables*.

3. Voies de communication entre Amérique et Asie orientale. — Elles partent du *Canada* et de *San-Francisco*. Elles se développeront du jour où le **canal de Panama** sera construit.

4. En dehors de ces grands courants se trouvent : 1° l'*Afrique* ; 2° l'*Asie septentrionale et centrale*.

a) L'Afrique est reliée à l'Europe par des *voies maritimes* : voie du **Cap de Bonne-Espérance**, etc. — Les fleuves où aboutissent ces voies sont défectueux ; il y a peu de chemins de fer (les Anglais projettent une ligne du *Cap au Nil*) ; on commerce par *caravanes*.

b) Dans l'Asie du Nord, l'Océan arctique et les fleuves sont gelés. — Les Russes ont relié à leur *réseau européen* un *réseau asiatique* : 1° **transcaspien** ; 2° **transsibérien**.

3. — CONCLUSION. — LA FRANCE DANS LE MONDE[1]

1. Arrivés au terme de nos leçons de géographie, jetons un regard en arrière, embrassons l'ensemble de notre travail, essayons de conclure.

Après avoir pris connaissance des *faits géographiques*, nous avons parcouru *le monde*, puis nous avons étudié notre *pays* dans ses *traits généraux* et abordé en détail, tant au point de vue physique qu'au point de vue économique et politique, les ***régions naturelles*** entre lesquelles se partage le territoire français. Les colonies n'ont pas été oubliées.

Deux grandes idées directrices nous ont aidés au cours de notre étude en nous permettant d'y apporter une réelle unité. — Il s'agissait en effet de vérifier : 1° qu'entre les *faits* d'ordre divers qui composent la géographie d'un pays, il existe un enchaînement ou, si le mot semble trop absolu, des *relations* ; 2° que le *milieu physique* exerce une influence sur l'*homme* et que l'*homme*, à son tour, réagit sur le *milieu physique*. Cette double vérification n'a pas manqué d'exercer nos facultés d'*observation* et de *jugement*.

2. Chemin faisant, elle nous a aussi invités à *comparer* et à *réfléchir*. La France nous est apparue comme un pays varié où la *vie agricole* prédominait, où la *vie maritime* était développée et ne manquait pas d'importance, mais où la *vie industrielle*, quoique active, n'avait à sa disposition ni assez de houille, ni assez de matières premières. Si nous pouvons vendre du *vin* à l'étranger (1), si nous produisons la plus grande partie du *blé* nécessaire à notre consommation (2), si grâce à l'habileté de nos ouvriers nous occupons le premier rang pour l'*industrie de la soie* par exemple, nous demandons de la *houille* à l'étranger (3), nous restons en arrière pour les *lainages*, les *cotonnades* (4) et la *métallurgie du fer* (5), notre *marine marchande* se trouve distancée par d'autres marines (6), le chiffre de notre *population* demeure à peu près stationnaire (7).

3. Les constatations faites à propos de la vente et de l'achat montrent que nous sommes *solidaires* du reste du monde, autant que les diverses régions françaises sont solidaires entre elles.

Le paysan de la Beauce et de la Brie cultive le blé pendant que le mineur flamand creuse ses galeries et extrait la houille des entrailles de la terre ; le pêcheur breton part pour les mers lointaines pendant que le vigneron du Bordelais, de la Bourgogne et du Midi peine sous le chaud soleil afin de donner à ses ceps les soins multiples et délicats qu'ils réclament ; le montagnard conduit ses troupeaux au pâturage et fabrique des fromages, il utilise aussi les torrents impétueux pour apporter la force aux usines dont le commerçant vend les produits manufacturés ; l'armateur fait pénétrer ces produits dans les pays d'outre-mer ; le soldat protège frontières et colonies. Certes, *les Français sont solidaires*.

Mais l'Anglais achète nos vins, nos beurres, nos primeurs et nos soieries ; le Belge nous envoie une partie de la houille dont nous avons besoin ; le Chinois nous fournit de la soie brute, le nègre de la Louisiane du coton. Le *travail des étrangers* nous est nécessaire au même titre que le travail de nos compatriotes.

4. Il importe cependant que la France essaye de se suffire le plus possible ; il importe que nous travaillions avec courage, et cela sans relâche, pour conserver un *rang* respectable parmi les nations. C'est d'ailleurs le seul moyen de nous montrer dignes des services que nous rendent les autres hommes.

Jusqu'à présent, les Français ont fait preuve de *goût*, ils ont eu à un haut degré le sentiment du *beau*, ils ont aidé au triomphe de la *liberté* et de la *justice*. Gardons, cultivons ces qualités.

Notre climat a des charmes, notre sol est fécond : nous provoquons peut-être l'envie. Tâchons aussi d'inspirer le *respect*, la *confiance* et l'*amour*.

1. Pour les renvois de 1 à 7, consulter fig. 74.

Paris. — [illegible], rue Mazarine, 35.

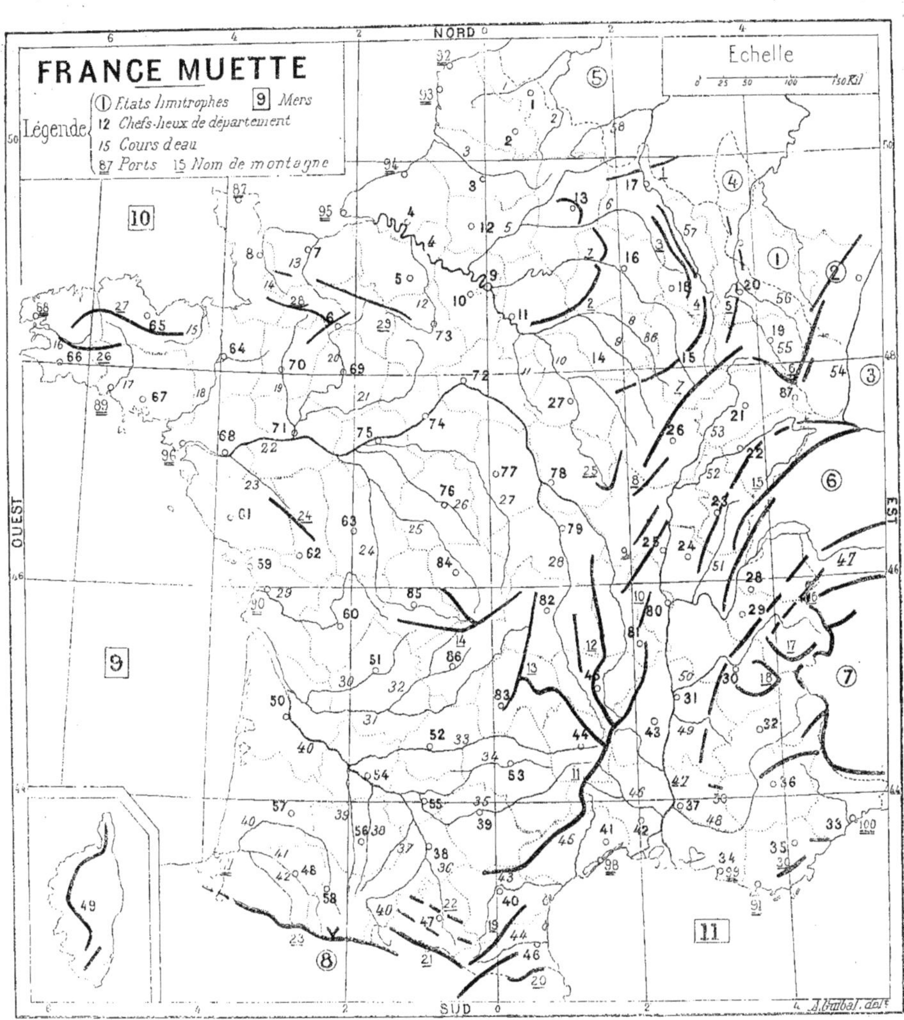

Questionnaire et devoirs. — Carte muette

1. Nommer les États limitrophes de la France désignés par les numéros ③, ④, ⑤, ... ⑧. — 2. Nommer les mers désignées par les numéros [9], [10], [11]. — 3. Quelles sont les hauteurs désignées par les numéros 30, 6, 2, 21 ? — 4. Quels sont les cours d'eau représentés par les numéros *5, 6, 7, 8, 9, 10*, etc. ? — 5. Quels sont les ports désignés par les numéros 89, 98, 94, etc. ? — 6. Quels sont les départements désignés par les numéros **1, 3, 7, 10, 12, 15, 22, 36**, etc. ? — Dire en outre les chefs-lieux de ces départements (Questions analogues pour d'autres numéros pris de 2 en 2, de 3 en 3, de 4 en 4.., etc).

Nota. — Pour répondre à ces questions, les élèves pourront comparer la carte muette aux cartes écrites.

Librairie HENRY PAULIN et Cie, Éditeurs

Téléphone : 816.89 — 21, rue Hautefeuille, 21 — PARIS (6e)

Enseignement Primaire

Cours complet de Géographie, par MM. G. Mathière, professeur d'école normale, directeur de l'École annexe à Évreux, et J. Azaïs, directeur d'école à Paris :

— I. **Cours préparatoire et élémentaire**. 1 vol. petit in-4° de 40 pages, avec leçons et résumés, questionnaires et sujets de devoirs, 9 cartes en noir et en coul. et 34 grav., cart. . . **0 fr. 90**

— II. **Cours moyen**. 1 vol. petit in 4° de 64 pages, avec leçons et résumés, questionnaires et devoirs, 46 cartes en noir et en couleurs, et 70 gravures dans le texte, cart. . . . . **1 fr. 50**

— III. **Cours supérieur** (*Paraîtra en 1909*).

Cours complet d'Histoire de France, par MM. T. Naudy, inspecteur primaire à Paris, et L. Rascol, licencié ès lettres, directeur d'école primaire supérieure :

— I. **Cours élémentaire**. 1 vol. petit in-4° avec 50 leçons et résumés, 50 lect., et de nombreuses cartes et grav. cart. . . **1 fr. »**

— II. **Cours moyen**. *Préparation au Certificat d'études*. 1 vol. in-8° écu, avec 50 leçons et lectures, grav., cartes et rés., cart. **1 fr. 50**

Le *Cours préparatoire* et le *Cours supérieur* sont en préparation.

Lectures courantes (*Recueils élémentaires de morceaux choisis*), par A. Barot, professeur au lycée Montaigne. 4 vol. in-18, avec gravures, cartonnés :

— Cours élémentaire. — **Lectures courantes**. 1 vol. in-18 avec 20 gravures, 3e *édition revue et corrigée*. . . . **1 fr. 25**

— Cours moyen, 1re année. — **Lectures courantes**. 1 vol. in-18, avec 21 gravures, 2e *édition revue et corrigée*. . . . **1 fr. 40**

— Cours moyen, 2e année. — **Lectures courantes**. 1 vol. in-18 avec 23 gravures. . . . . **1 fr. 80**

— Cours supérieur. — **Lectures courantes**. 1 vol. in-18 avec 26 gravures, 2e *édition revue et corrigée*. . . . . **1 fr. 80**

Cours rationnel de Langue française. — (**Cours moyen, 2e année et Cours supérieur**. *Préparation au Certificat d'études*, par Alcide Lemoine, inspecteur primaire à Paris, et Th. Briest, directeur d'école communale, avec 95 *leçons, plus de 700 exercices oraux et écrits d'application, de vocabulaire, d'étymologie, 72 sujets de rédaction sur plans et gravures*. 1 vol. in-8° écu, cart . . . . **1 fr. 50**

— **Cours moyen, 2e année, et Cours supérieur** (*Préparation au Certificat d'études*). **Livre du maître**. 1 vol. in-8° écu, cartonné (*Paraîtra pour la rentrée d'octobre 1908*).

— **Cours élémentaire, 2e année, et Cours moyen, 1re année**. 1 vol. in-8° écu, avec gravures, cartonné (*Paraîtra pour la rentrée d'octobre 1908*).

— **Cours élémentaire, 1re année, et Cours préparatoire** (*Paraîtra à la fin de l'année 1908*).

Classes enfantines. — **Mon premier livre de récitation** (*Recueil de poésies enfantines*), par M. Varangot, ancien directeur du petit lycée de Caen, principal de collège. 1 vol. in-18 avec 16 reproductions photographiques de *Scènes enfantines* (tableaux de maîtres). Cartonné, 2e *édit*. . . . . . . **1 fr. »**

Classes enfantines. — **Nouvelle méthode rationnelle et rapide de lecture sans épellation**, par C. Caroujat, directeur d'école communale, 1 vol. petit in-4°, avec 50 *gravures* et *modèles d'écriture demi-penchée*. Cart. . . . . **0 fr. 50**

Éléments usuels des Sciences physiques et naturelles, par R. Valette, professeur au lycée Buffon :

— **Cours élémentaire**. 1 vol. in-18 avec 40 grav. 3e *édit*. **1 fr. 25**

— **Cours moyen**, avec application à l'agriculture, l'hygiène, l'économie domestique, l'industrie. 1 vol. in-12, avec 221 grav. Cart. . . . . **1 fr. 75**

— **Cours supérieur**. *Préparation au Brevet élémentaire*. 1 vol. in-18 avec 344 grav. Cart. . . . . **3 fr. »**

Écoles primaires. Écoles primaires supérieures (1re *année*). Enseignement post-scolaire. Sociétés musicales. — **Premières leçons de lecture musicale**, par E. Souron. 1 vol. in-8°, 2e *édition*. . . . . **0 fr. 60**

L'alphabet musical. *Principes de la musique appliqués à des devoirs écrits préparés et à la lecture vocale*, par M. Th. Andersch :

— **Cours préparatoire** : **Livre de l'élève** comprenant 5 cahiers brochés du format écolier avec *Leçons, devoirs, exercices d'intonation* : 1er et 2e cahiers, chacun **0 fr. 25** ; 3e, 4e, 5e cahiers, chacun **0 fr. 30** ; 6e cahier **1 fr.** — **Livre du maître**, correction des cahiers 1 à 6 de l'élève. 1 brochure petit format. . . . . **1 fr. »**

Le Dessin dans l'Enseignement primaire. *Certificats d'études primaires et primaires supérieures. Concours d'admission aux écoles normales. Brevets de l'Enseignement primaire*, par E. Armand, ancien élève de l'École nationale des Beaux-Arts, professeur au collège d'Épinal. 1 vol. in-12 avec 55 grav., cart. (*Maîtres*) . . . . **1 fr. 50**

Enseignement Primaire supérieur

Écoles normales. Écoles primaires supérieures (1re, 2e, 3e *années*). **Leçons de morale fondées sur l'histoire des mœurs et des institutions**, par A. Rey, professeur agrégé de philosophie au lycée de Beauvais, et H. Dubus, instituteur adjoint. 1 vol. in-18, cartonné. . . . . . . **2 fr. 50**

Écoles normales. Écoles primaires supérieures. — **Lectures morales**. *Morale individuelle*, par G. Chatel, professeur agrégé au lycée de Rennes. 1 vol. grand in-18, cart., 3e *édition revue*. . . . . **2 fr. »**

Écoles normales. Écoles primaires supérieures. — **Lectures morales**. *Morale sociale*, par *le même*. 1 vol. grand in-18, cart., 2e *édit*. . . . . **2 fr. 50**

Écoles normales. Écoles primaires supérieures. — **Nouveau cours théorique et pratique de Musique vocale**, par E. Souron, prof. de chant à l'école normale et à l'école prim. supér. de Nancy, pourvu du certificat d'aptitude spécial (degré supérieur), et Ch. Dulluc, prof. de musique, 1re partie : *Théorie*. — 2e partie : *Solfège des Écoles*. Chaque vol. gr. in-8 jésus. . . . . **1 fr. 50**

— **Our English comrade**. *A book for all forms* (*Grammaire, Vocabulaire, Recueil de poésies et devoirs*), par L. Lavault, professeur agrégé au lycée Janson-de-Sailly, et E. Lestang, professeur agrégé au lycée de Marseille. 1 vol. in-18, cart. à l'anglaise, 2e *édit. revue*. . . . . **3 fr. 50**

Préparation au Brevet supérieur. Auteurs à expliquer (1907-1908-1909). Auteurs anglais : *Washington Irving, Longfellow, Wordsworth, Tennyson, Charles Kingsley*, avec des notes en anglais, par Ch. Bastide, docteur ès lettres, professeur au lycée Charlemagne. 1 brochure in-16 . . . . . . **0 fr. 60**

Humorous stories, par Robert Obry, professeur au lycée du Havre. 1 vol. in-18 avec grav., cart. à l'anglaise, 3e *édit*. **1 fr. »**

The boy's and girl's own grammar (*Carnet de grammaire*), par *le même*. 1 vol. in-16, cart., 2e édition *revue et augmentée, tirée sur papier quadrillé*. . . . . **0 fr. 60**

English Snapshots. A collection of Newspaper cuttings, par L. Lavault, professeur au lycée Janson. 1 vol. in-18, cart. à l'anglaise, 2e *édit*. . . . . **1 fr. »**

Préparation au Brevet supérieur. — Auteurs à expliquer (1907-1908-1909). *Onze poésies allemandes* (*Gœthe, Schiller, Heine, Uhland*), avec des notes en allemand, par J. Fèvre, professeur d'allemand à l'école normale de Dijon. 1 brochure in-16 couronne . . . . **0 fr. 25**

Ich lerne Deutsch. Ein Bilder-und Lesebuch, par G. Delobel, professeur agrégé au lycée Voltaire. 1 vol. in-18 avec gravures, cartonné à l'anglaise, 2e *édition*. . . . . . **1 fr. 80**

Ich Spreche Deutsch. Ein Bilder-und Lesebuch, par *le même*. 1 vol. in-18 avec grav., cartonné à l'anglaise. . . . **1 fr. 85**

Deutsche Sprachschule. *Exercices de langage; révision et extension du vocabulaire; vocabulaire abstrait; grammaire*, par *le même*. 1 vol. in-18 avec grav., cart. à l'anglaise . . . . **2 fr. »**

Mein [illegible] (*[illegible] grammaire*), par [illegible] . . . . **1 fr. 20**

Grammaire espagnole, par A. Gavel, professeur agrégé au lycée de Bayonne, et E. Jolicler, prof. au collège Sainte-Barbe. Avec trois *tableaux synoptiques des verbes irréguliers des trois conjugaisons*, cart. à l'anglaise . . . . . . **1 fr. 50**

Préparation au Brevet supérieur. — Auteurs à expliquer (1907-1908-1909). Auteurs espagnols : Lecturas españolas modernas ó Trozos escogidos de los siguientes escritores : *A. de Alarcón, E. Pardo Bazan, F. Caballero, J. Echegaray, J. Espronceda, C. Frontaura, Duque de Rivas, A. de Trueba, J. Valera*, par H. Barthe, professeur au lycée d'Albi. 1 vol. in-18 avec notes . . . . **1 fr. 50**

Paris. — Chromo-typ. F. Laprouhost, rue Mazarine, 35.

www.ingramcontent.com/pod-product-compliance
Ingram Content Group UK Ltd.
Pitfield, Milton Keynes, MK11 3LW, UK
UKHW020419230726
13925UKWH00004B/1520

9 782014 435184